DIETER PUHL

Glück und Leid am Bahnhof Zoo

DIETER PUHL

Glück und Leid am Bahnhof Zoo

Ein Leben für die Bahnhofsmission

KREUZ

Du möchtest spenden:

10 Euro ermöglichen den Lebensmittelzukauf für 180 Gäste.

18 Euro kosten Schlafsack und Isomatte.

2000 Euro ermöglichen uns sehr zielgerichtete und
individuelle Hilfe für einen obdachlosen Menschen.

Berliner Stadtmission
IBAN: DE24 100 205 00000 318 19 07
BIC: BFSW DE33 BER
Verwendungszweck: Bahnhofsmission Zoo

MIX
Papier aus verantwor-
tungsvollen Quellen
FSC® C083411

© Kreuz Verlag GmbH, Hamburg 2018
Alle Rechte vorbehalten
www.kreuz-verlag.de
Konzeption: Elke Rutzenhöfer
Lektorat: Ulrike Mattern
Gesamtgestaltung: Thomas Puschmann · fruehbeetgrafik.de
Umschlagfoto: © epd-bild / Rolf Zöllner
Herstellung: CPI Claussen & Bosse, Ulm
ISBN 978-3-946905-29-5

Inhalt

Vorwort 9

Ein gutes Miteinander zu Hause

Ein Flüchtlingskind aus Polen 14
Vom Schulversager zum Diakon 17
Die Frömmigkeit ging verloren 19
Neustart auf dem zweiten Bildungsweg 20
Wenig Geld und strenge Regeln:
   Ich kenne das Leben 20
Auf zu den frommen Flöten der Stadtmission 22
Bindungsangst: Jesus rennt mir hinterher 24

Alles auf Anfang

Eine jahrtausendealte Geschäftsidee 29
Ehrenamt kann selbstverliebt sein 31
Der richtige Spirit 33
Preise öffnen Türen 35

Heldinnen und Helden im Alltag

Emotionaler Rückhalt 37

Jesus ist wichtig, nette Menschen auch 40

Die jüngere Generation ist am Start 41

Menschenfischer aus vielen Milieus 42

Der gute Bulle 44

Die Nummer mit der Feindesliebe 46

Die Sinnfrage beantworten wir dir 49

Religiöse Rituale 51

Biotop Bahnhofsmission

Königin vom Bahnhof Zoo 57

Die Kehrseite der Medaille 59

Immer am Ball 62

Hingucken und nachspüren 65

Solidarität mit armen Socken 67

Ein dünnhäutiger Kumpel 72

Nicht alles wird heil, aber einiges wird gut 73

Drahtseilakt in der City

Kommen wir miteinander klar? 77

Moderation vor Ort 78

Hundert Meter Luftlinie: ein völlig anderer
     Kosmos 80

Wer gemeinsam feiert, verträgt sich 82

Tiefenentspannte Prominenz 83

Ein sichtlich gerührter Bundespräsident 85

Wenn die Seele klappert

Unsere Grenzen, unsere Träume 91

Seelsorge & Beratung 94

Können wir Ihnen helfen? 96

Das Wunder vom Bahnhof Zoo

Eine richtungsweisende Begegnung 98

Wir sind hier ambitioniert 100

Der Bahnchef als Freund und Helfer 102

Festbeißen und nicht loslassen 103

Engagierte Freunde und Unterstützer 104

Im kleinen Schwarzen zum Neujahrsempfang 106

Die ganz einfachen Dinge 107

Sensible Packer und unechte Burner 110

Jeden Tag ein Stückchen besser 113

Ein Geschenk fällt vom Himmel 115

Zuversicht durch Jesus 117

Bis hierher und noch weiter 119

FAQ: Häufig gestellte Fragen zum Thema Obdachlosigkeit 127

Vorwort

Sie war gerade fünf und drohte zu sterben; und es handelt sich um meine Tochter. Ein knappes Jahr lebten wir als Familie im Krankenhaus und die dortige Station war wohl gleichermaßen Hoffnungsort und Hölle. Ich erinnere mich an Ärzte, Krankenschwestern und Pfleger, die jeden Tag an und über Grenzen gingen. Es kam selten vor, aber schaute mal jemand von ihnen auf die Uhr, machte mich das nervös und ängstlich. Fast immer aber gaben sie ihr Bestes, ihre Zeit, ihr Herz und ihre Fachlichkeit. Und wir, die Gesellschaft, unser Gemeinwesen, investierten mehrere hunderttausend D-Mark in ein kleines Mädchen, dessen Überlebenschancen recht gering waren. Damals und heute wurde nicht nur Geld für die Heilung und Betreuung ausgegeben, es flossen viele Millionen in die Forschung. Gut so. Und: Danke! Ist jemand erkrankt, den man sehr liebt, wünscht man sich keine Sparprogramme, keine faulen Kompromisse, keine Ausreden.

Obdachlose: Sie kamen nicht im Raumschiff vom Mars, um unsere Städte zu belagern, so aber werden sie oft behandelt, wie Fremde von einem anderen Planeten. Bei keiner anderen Bevölkerungsgruppe wird so schnell von persönlicher Schuld und Verantwortung gesprochen, oft eben, um nötige Hilfen zu versagen.

Kleine, erkrankte Kinder haben gesellschaftlichen

Rückhalt, Penner nicht und die doch eher geringe gesellschaftliche Empathie schwindet fast gänzlich, wenn es sich nicht um deutsche obdachlose Menschen handelt. Ob Deutsche, Russen oder Polen, bei allen gibt es Familienangehörige, Ehefrauen und Kinder, frühere Freunde, ehemalige Arbeitskollegen, die hoffen, die den geliebten Menschen nicht aufgeben wollen.

Verhaltener Dank an die aktuelle Berliner Politik, Hilfen bei der Berliner Stadtmission, bei anderen Trägern und in der Bahnhofsmission Zoo können erweitert werden, „money makes the world go round", es wird zusätzliches Geld in die Hand genommen, nur reicht das nicht, die Zahlen steigen wohl, auch aktuell. Von Millionen für die Forschung, dieses Geld seit Jahrzehnten, davon träumt die Sozialarbeit, weder in Berlin noch im Bundesgebiet liegen zum Beispiel belastbare Zahlen vor.

Unmögliches ermöglichten in den letzten Jahren Freunde – und ihre Anzahl, lieben Dank, wächst kontinuierlich. Nicht die gesamte Gesellschaft zeigt sich herzlos, lediglich der überwiegende Teil. Freunde geben nicht nur ihr Geld, viele, so auch alle Ehrenamtlichen, sind mit ihren Seelen dabei.

Das war vor 25 Jahren keine Liebesheirat mit meinem Arbeitgeber, der Berliner Stadtmission, immer mehr kam neben Respekt aber auch Liebe hinzu. Danke, eine gute und lange Zeit, ich habe hier meinen Platz im Leben finden dürfen, einfach auch ein tolles Geschenk an mich.

Was wäre das alles ohne Jesus? Für andere und für mich – herzlich wenig. Für mich bist du ein verdammt guter Coach, Freund und Kritiker, du bist ein guter Mutmacher.

Die Bahnhofsmission Zoo ist schon mein Sahnehäub-chen, lange sehnte es mich nach diesem Platz im Leben. Und klar, eigentlich fast jeden Tag, ich bin sehr stolz und dankbar, hier mit anderen tätig sein zu dürfen. Mann-schaftssport.

Ich möchte Geschichten erzählen: Hossa, Elke Rutzen-höfer, dir besonderen Dank, wir haben das Buch gemein-sam geschrieben, du hast an dieses gemeinsame Projekt geglaubt. Viel Arbeit und sehr viel Inspiration von dir. Ich bin nicht so diszipliniert, dein freundliches Treiben half.

Und nun freue ich mich darauf, meiner Mutter aus dem Buch vorlesen zu dürfen.

Und ich freue mich darauf, viele Leserinnen und Leser in die Bahnhofsmission Zoo einladen zu dürfen, schaut euch den Laden bitte an und informiert euch vor Ort. Der Kaffee ist gut ...

Ein gutes Miteinander zu Hause

Ich hatte eine starke Mutter und einen tollen Papa, der zu viel gearbeitet hat. Dass Papa so viel arbeiten war, hat Mutter nicht gefallen. Meine Schwester ist sieben Jahre älter als ich. Ich war der kleine Prinz, was du als kleiner Junge gut und gerne genießt, was dir aber, wenn du erwachsen wirst, auch ein paar Schwierigkeiten macht. Meine Mutter hat mich nie gefragt, aber aus ihrer Sicht sollte ich Pfarrer werden. Sie hätte mir den Haushalt gemacht. Als kleiner Junge fiel mir nicht auf, dass meine Schwester und mein Vater in dem Bild gar nicht vorkamen.

Ich komme aus einem Arbeiterhaushalt. Mein Vater hat als Rohrschlosser in einem Kieler Unternehmen gearbeitet, das Lokomotiven und anderes herstellt. Er stammte aus sehr armen Verhältnissen. Und er wollte immer das haben, was andere Kinder mit in die Wiege gelegt bekommen, diesen Satz: Ich möchte, dass ihr es mal besser habt als wir. Meine Mutter war Hausfrau. Wir hatten ein sehr schönes Haus, das es noch immer gibt, einen riesigen Garten, in dem meine Mutter viel zu tun hatte. Wir waren keine armen Leute, aber bescheidene Menschen. Und wir hatten, glaube ich, einen ziemlich hohen Lebensstandard, weil mein Vater wirklich sehr viel gearbeitet hat.

Das Haus meiner Eltern wurde 1957 gebaut und kostete 30.000 D-Mark. Mein Vater verdiente 70 D-Mark im

„Kam ein zweites Mal und stellte sich an die Geschirrspülmaschine."
Mit Joachim Lenz, Direktor der Stadtmission, und Joachim Gauck,
zu der Zeit Bundespräsident.

Monat. Ich habe großen Respekt vor dem Fleiß meiner Eltern. Wenn ich manchmal meine Arbeitszeit überprüfe,
denke ich, da hat mein alter Herr mir durchaus etwas mitgegeben. Über eine 56-Stunden-Woche lächelte er. Er war
zwar gewerkschaftlich organisiert, aber er hat freiwillig
auf die Stundenbeschränkung verzichtet und gerne mehr
verdient.

Wir hatten ein großes Grundstück, und auch Mutter
hatte sicher eine 60- bis 70-Stunden-Woche. Ich habe Bilder im Kopf, da geht mir noch immer die Seele auf. Ich esse
sehr gerne und sehe noch die Würste von der Decke hängen, wenn ich in den Keller ging, sehe die unendlich vielen
Einweckgläser mit Früchten, Gemüse, die eingekochten
Säfte, rieche den Schinken mit den Speckseiten. Du konn-

test dich einfach bedienen. Ich erinnere mich daran, wie meine Oma das Sauerkraut mit ihren Füßen gestampft hat. Im Hühnerauslauf waren 30 Enten, 50 Hühner. Wir hatten keinen Bauernhof, aber bis zu 20 Schweine, die nebenbei verkauft wurden. Eines, manchmal auch zwei wurden im Jahr geschlachtet. Wenn ich von der Schule kam, fragte meine Mutter manchmal: „Was möchtest du essen?" – „Oah, ich habe Hunger auf Koteletts", woraufhin sie drei Koteletts gebraten hat, die ich gut und gerne gegessen habe.

Es war ein gutes Miteinander bei uns, meine Oma und mein Onkel im Haus, meine Schwester und ich hatten viel Besuch von Freunden; Eltern, die sehr gastlich waren. Bei uns war die Hütte also immer voll. Als ich später in Kiel zur Schule gegangen bin und meine Schulfreunde mich auf dem Land besucht haben, hing mein Vater abends manchmal zwei Stunden in der Küche und briet wie ein Irrer Kartoffelpuffer, die alle begeistert haben.

Ein Flüchtlingskind aus Polen

Meine Mutter kam aus Ostpreußen und mein Vater aus Posen. Wir lebten in einem Dorf in einer Siedlung mit 20 Häusern. Das war eine Siedlung für Menschen, die alle aus den heutigen polnischen Gebieten kamen, also Flüchtlinge aus Ostpreußen waren. Es herrschte ein interessantes Klima in dem Dorf. Ich bin 1957 geboren, 1967 hatte die NPD noch sieben Mandate im Landtag in Schleswig-Holstein. Und die Willkommenskultur gegenüber Flüchtlingen war nicht sonderlich ausgeprägt. Ich war in doppelter

Hinsicht ein Flüchtlingskind. „Du Polen-Schwein", hörte ich, als ich sechs Jahre alt war. Eigentlich verstand ich das nicht. Was ich verstanden habe, war, dass sich das nicht freundlich anhörte. Trotzdem bin ich überhaupt nicht bitter. Ich habe eine schöne Kindheit und Jugend erlebt.

In der Grundschule in Altenholz bei Kiel lief alles glatt. Ich hatte Glück mit für die damalige Zeit tollen Lehrern, Reformpädagogen, die ein bisschen jünger waren und die Ärmel hochgekrempelt haben. Eine gewisse Affinität zu Glauben und Religion hatte ich, was mit meinem Elternhaus, aber auch mit meiner Oma zu tun hatte. Die Aufnahmeprüfung für das erste Kieler Knabengymnasium, die Hebbelschule, bestand ich mit 1,0, worauf man sich aber nichts einbilden konnte. Ich habe mich auf das Gymnasium gefreut. Aber aussortierte Nazi-Lehrer haben dort nicht sonderlich auf Schüler aus Arbeiterhaushalten gewartet, auch hier bestand keine Willkommenskultur. Mit dieser Sicht könnte ich mich rausmogeln, aber ich hatte immer das Gefühl, dass es für ein richtig gutes, solides Voll-Abi mit Physik, Chemie und allen anderen Fächern wahrscheinlich nicht gereicht hätte.

 Dieter Puhl
1. Mai · 14:10 Uhr · 🛬

Mal ein Wort zum Sonntag (und auch gleich noch die Musik dazu ...). Jesus ist ein guter Chef – viele glauben und leben das so in der Bahnhofsmission Berlin Zoologischer Garten. Er entlastet, hilft, nimmt Druck von den Schultern, macht Mut, tröstet. Wir dürfen Feierabend machen, er bleibt, trägt Verantwortung. Ist ein guter

Gastgeber und ist noch nie vom Kreuz gefallen und hat jemanden am Zoo mit seiner Botschaft erschlagen.

Er ist aber mehr als ein guter Chef. Manche Sätze sitzen tief, bleiben hängen. „Da zieht man seinen Sohn groß, und wenn man stirbt und ihn braucht, ist er nicht da", waren wohl die letzten Worte meines Großvaters, bevor er starb. Mein Vater kam damals bei seinem Sterben einen Tag zu spät. Schlimm für ihn, sein Leben lang – aber auch ein hartes Erbe für mich.

Mein Vater selbst war nun alt, und uns allen war klar, er wird bald sterben, der Krebs war nicht aufzuhalten. Unser Verhältnis war gut, oft sehr gut, aber da war immer Luft nach oben, wir rangen über Jahre danach. Meine Eltern lebten in Norddeutschland, das Sterben meines Vaters dauerte, über Monate, meine Mutter pflegte ihn bei uns zu Hause. Unsere letzten Spaziergänge hatten es in sich, dichtes Abschiednehmen, Wunden heilen, Versöhnen, Unausgesprochenes wurde gesagt, was manchmal ja gar nicht so leicht ist, „ich liebe dich". Aber immer hatte ich Angst, ich könnte bei seinem Sterben nicht dabei sein.

„Ich brauche deine Hilfe, ich schaffe das in den letzten Tagen nicht mehr." Der Anruf meiner Mutter war deutlich, und vier Stunden später war ich im Norden. Die letzten drei Tage und Nächte am Bett meines Vaters, vielleicht verwundert das, waren schön: Gespräche, Weinen, ein letztes gemeinsames Vaterunser, ein Abschiedslied, „So nimm denn meine Hände", ich bekam, unwichtig, den Text nicht hin.

Mein letzter, sehr persönlicher Abschied, kurz nach dem Tod meines Vaters, ich durfte ihn rasieren. Dann kamen meine Schwester und meine Mutter, um meinen Vater zu waschen und ihm seinen Anzug anzuziehen.

Das alles war mir etwas zu hektisch, ich wollte wohl auch meine Ruhe. Vor der Tür stand mein Auto, ich setzte mich hinein, öffnete das Verdeck und sah über mir einen

Regenbogen. Fett. Fast zu viel.
Ich machte dann das Radio an, es lief Herman Brood mit
„Knockin' on Heavens Door", legte den Rückwärtsgang
ein und fuhr glücklich weinend vom Hof. Nicht nur ein
guter Chef, auch Freund und Begleiter.
Ich wünsche euch einen schönen Sonntag – und hört das
Lied bitte schön laut.

    👍 Gefällt mir   💬 Kommentieren   ↪ Teilen

Vom Schulversager zum Diakon

Von diesem Knabengymnasium bin ich dann sozusagen als
Schulversager weg. Ich bin sitzen geblieben und habe mit
Ach und Krach und auf den letzten Drücker einen Real-
schulabschluss gemacht, und der war auch noch schlecht.
Meine beruflichen Perspektiven waren sehr bescheiden.
Wenn ich das Gymnasium geschafft hätte, hätte ich wahr-
scheinlich Theologie studiert und wäre dem Wunsch von
Mutter nachgekommen.

Durch den Realschulabschluss hieß es, kleinere Brötchen zu backen. Aber in der Zwischenzeit hatte ich in der
Jugendarbeit zwei Diakone, starke, skurrile Menschen,
kennengelernt. Das war in Holtenau und Altenholz-Stift.
Die prägten mich vielleicht nachhaltiger als die Pastoren,
mit denen ich zu tun hatte. Einer von den beiden arbeitete mit Rockern, er musste die im Leben halten. Ich fand
Rocker nicht gut. Da habe ich zum ersten Mal die Arbeit
mit sogenannten Randgruppen mitbekommen und langsam begriffen: Es lohnt, sich an ihnen zu reiben.

„Ich finde es gut, dass ich nichtig sein darf." Dieter Puhl in der Bahnhofsmission, 2014.

In Rickling im Landesverein für Innere Mission zwischen Hamburg und Kiel und im Evangelischen Johannesstift in Berlin-Spandau hatte ich mich für eine Diakonenausbildung beworben. Das war so ein bisschen die Schmalspur zur Theologie. In Rickling hatte ich eine Zusage. Aber ich wollte weg von Mutter. Ich habe nicht gelitten, aber dieses Bild „Mutti macht mir den Haushalt" hat mir irgendwie Sorgen gemacht. Ich dachte, geh mal lieber auf die sichere Seite nach Berlin, das sind ein paar hundert Kilometer weiter. So kam ich Landei ins Johannesstift, für mich eine Art beschütztes Wohnen in Berlin. Von Spandau aus konnte ich Berlin ein bisschen erkunden. Am 2. April 1975 habe ich dort als jüngster Diakonenschüler angefangen, erst am 23. April wurde ich achtzehn.

Die Frömmigkeit ging verloren

In Spandau habe ich mich sehr wohl gefühlt. Nach einem Jahr bekam ich eine kleine Einzimmerwohnung, 74 D-Mark Miete, Außentoilette, Kachelofen in einer guten Hausgemeinschaft. In meiner Diakonenausbildung bin ich aufgegangen und habe viel gelernt. Wir hatten etliche linke Dozenten, die mochte ich echt gerne und bin ihnen bis heute dankbar, aber meine Frömmigkeit ist dadurch verloren gegangen. Meine Ausbildung habe ich als überzeugter Atheist beendet. Das kam durch Heidegger, Bultmann, die ganzen Existenzialphilosophen: hineingeworfen ins Nichts. Ja, wunderbar, nur so hineingeworfen ins Nichts habe ich mich dann am Ende doch nicht so ganz wohlgefühlt. Ich fühlte mich nackt. Wenn dir etwas sehr Vertrautes verloren geht, ist es nicht leicht. Mich neu zu orientieren, machte mir Schmerzen.

Irgendwann habe ich mich damit arrangiert. Ich war jetzt Diakon und dachte, es wäre ein bisschen verlogen, wenn ich mir als solcher eine Stelle suchen würde. Da ich auch eine Fachausbildung als Erzieher hatte, habe ich jahrelang in Wilmersdorf in einem Kinderheim für sogenannte schwer erziehbare Jugendliche gearbeitet. Trendy West-Berlin, das war die Zeit, in der ich die Stadt kennenlernte. Ich habe 1800 D-Mark verdient, sehr viel Geld. 74 D-Mark Miete bedeutete, noch nicht mal ein Zwanzigstel deines Verdienstes für Miete auszugeben. Heute sind wir fast bei 50 Prozent. Nie mehr im Leben hatte ich so viel Schotter und so viel Fun. Die Arbeit machte mir Spaß und hatte Sinn.

Neustart auf dem zweiten Bildungsweg

Auf dem zweiten Bildungsweg habe ich später noch etliches nachgeholt. Ich wollte unbedingt mal in der Mensa sitzen, nicht als Gast, sondern als eingeschriebener Student. Also machte ich das Fachabitur, und zwar alles „evangelisch": Abitur im Johannesstift, an einer traditionsbewussten evangelischen Fachoberschule; Sozialarbeit an der evangelischen Fachhochschule und die Erzieherausbildung am Oberlinseminar.

Als ich mein Fachabitur fertig hatte, hatte ich einen Berufswunsch, den es so nicht mehr gibt. Ich wollte Werbe- und Kommunikationswissenschaften studieren. Für das Johannesstift, den Gewerkschaftsbund oder für eine Partei, nicht unbedingt für Coca-Cola, hätte ich gerne Werbung gemacht. Dafür hätte ich aber sicher noch drei Wartesemester gehabt. Ich war Anfang dreißig und hatte Sorge, dass mir die Zeit wegrennt. Ironie des Schicksals: Ich versuche ja heute, die Bahnhofsmission auch ein Stückchen zu bewerben, und natürlich die Belange obdachloser Menschen.

Wenig Geld und strenge Regeln: Ich kenne das Leben

Nebenbei habe ich viel gejobbt und so viel Leben kennengelernt. Darüber bin ich froh. Putzen im Krankenhaus war nicht der Hit. Hucker auf dem Bau hätte ich nicht 20 Jahre sein wollen. Kiesgrube bewachen in Spandau war auch nicht der Burner. Und trotzdem bin ich froh, dass ich es gemacht habe. Dass ich die Menschen in diesen Jobs kennengelernt und mitbekommen habe, unter welchen Bedingungen andere manchmal arbeiten müssen. Oft werde ich jetzt gefragt: „Och Dieter, wie hältst du deine Arbeit aus?" Das hätten die mich mal als Hucker auf dem Bau fragen müssen! Oder als ich die Pathologie im DRK-Krankenhaus geputzt habe. Du bringst Säcke weg, die reißen dir und es ballern die amputierten Füße über den Boden. Für 6,20 D-Mark die Stunde. Viele Leute machen einen guten Job, nicht nur in der Bahnhofsmission, aber ich bekomme doch hundertmal mehr soziale Anerkennung. Und verdiene gut. Klar könnte man darüber streiten, was wichtiger ist. Will ich aber nicht. Ich habe Respekt vor der Arbeit der anderen und sage mir gleichzeitig: Meine Güte, lieber Gott, was bin ich eigentlich privilegiert, dass ich das machen kann! Dass ich meinen Kreta-Urlaub hinbekomme, dass ich nicht im Dispo hänge, dass alles irgendwie ganz gut geregelt ist. Dass mein Leben, zumindest in den letzten 20 Jahren, frei von persönlichen Katastrophen war. Bis Mitte dreißig war das gänzlich anders. Dass alle gesund sind – denn das habe ich im Leben auch anders erfahren.

1992 hatte ich ein Gastspiel als Sozialarbeiter in der Beratungsstelle für Behinderte im Bezirksamt Wedding. Das war eine wichtige Erfahrung, um zu wissen: Ach, bitte so nicht. Ich hatte zwei mündliche Verweise bekommen. Einmal, weil ich gegen die Kleiderordnung verstoßen habe, als ich bei 36 Grad mit kurzen Hosen zur Arbeit erschienen bin. Der zweite Verweis: Ich fing gerne früh an. Ab 9 Uhr gab es Publikumsverkehr, dann wurde es stressig. Wenn die Menschen bereits auf dem Flur saßen, habe ich sie vor 9 Uhr zur Beratung hereingeholt. Die Kunden fanden das gut, für mein Arbeitstempo war das angenehm, weil ich dann nicht so hetzen musste. Aber das war nicht erlaubt.

Auf zu den frommen Flöten der Stadtmission

Einmal im Leben habe ich es mir gegönnt, ein Jahr arbeitslos zu sein. Es war ein wunderbarer Winter, ein noch schönerer Sommer. Ich lebte in einer netten WG in einem besetzten Haus in Charlottenburg. Das Arbeitslosengeld floss in voller Höhe. Als die Arbeitslosenhilfe drohte und ich dachte, dass ich dann nicht mehr so viel Party machen kann, bin ich zu den damaligen Arbeitsämtern. Zwölf Monate hatte ich gar nichts von denen gehört. Ich sagte: „Vermittelt mir was, sonst nerve ich euch jede Woche."

Mir wurde als Arbeitsbeschaffungsmaßnahme die Leitung einer Kita angeboten, gigantisch hochbezahlt, 4500 D-Mark netto. Diesen Job wollte ich haben, aber da wäre ich nicht glücklich geworden. Der Personalsachbearbeiter in dem evangelischen Vermittlungsbüro schaute sich noch einmal meine Bewerbungsunterlagen an, rief mich an und sagte: „Sie haben sich für die Kita beworben. Das Ding ist weg. Ich finde, Sie passen biografisch viel besser zu der Obdachlosenarbeit der Stadtmission." Ich hatte mit achtzehn ein Praktikum in der Herberge zur Heimat gemacht, einer Obdachloseneinrichtung in Spandau, die es noch immer gibt. Das fand ich auch gut, aber ich bekam

einen Schreck, als ich Stadtmission hörte. In unserer Diakonenausbildung sind nur die frommen Flöten zur Stadtmission gegangen. Vor 25 Jahren war das noch eine andere
Stadtmission, und dennoch wusste ich, dass dort eine verdammt gute Obdachlosenarbeit gemacht wird, auch damals schon.

Dieter Puhl
14. Oktober · 20:00 Uhr · 🔥

Berlin als Trendsetter. Ich kenne diese Stadt seit 1975 und
war knapp achtzehn, als ich hier aufschlug. Und liebte
und liebe den doch schnellen Puls Berlins. Oft werden
hier Richtungen eingeschlagen, der Rest der Republik
folgt Jahre später, Kiel, dort ging ich zur Schule, nach 10
Jahren, Altenholz, hier wuchs ich auf, dann nach
immerhin 15 Jahren. Musik, Kultur, Tempo, Lifestyle,
politische Entwicklungen, neben Hamburg und München, andere mögen jetzt nicht sauer sein – man sieht in
Berlin Veränderungen eher und deutlicher. Obdachlosigkeit, Ausdruck zunehmender gesellschaftlicher Verelen-
dung, gehört nunmehr zum Stadtbild, aus einigen
wurden viele und das nimmt stetig und ungebrochen zu
und ein Ende ist lange nicht in Sicht.
Schlecht für die Betroffenen, nicht ohne Auswirkungen
für die anderen. Und die Auswirkungen sind nicht
gemütlich: Erkrankte irren durch das Stadtbild, kleine
Zeltstätten an vielen Ecken, Wegschauen und Ausblen-
den der Allgemeinheit, Abstumpfung, ein Stück Resigna-
tion, Parallelwelten. Nun könnte, Vorbildcharakter einer
Hauptstadt, hier in Berlin aufgezeigt werden, wie wir das
als Gemeinschaft meistern, Menschen andere Perspektiven aufzuzeigen. Wir könnten die Wende einleiten –
mehr Miteinander leben, gesellschaftliche Solidarität,

Empathie für unsere Nächsten politisch mutig gestalten. Bemühen erkenne ich, Minderung von Obdachlosigkeit aber echt nicht.

Auf Berlin zu schauen, ist spannend und etliches wird auch gestaltet. Unser Flughafen und das Sterben von Menschen auf der Straße zumindest aber nicht. Und vermutlich liegen beide Themen ja auch dicht beieinander. Wer wöchentlich zusätzliche 38 Millionen Euro für einen Flughafen ausgibt, über Jahre, ist bei anderen wichtigen Themen einfach pleite.

Freunde in Kiel, ihr habt grob 10 Jahre Zeit, um „Berliner Zustände" zu verhindern, euch in Altenholz bleiben 15 Jahre. Nutzt das.

🖒 Gefällt mir   💬 Kommentieren   ↪ Teilen

Bindungsangst: Jesus rennt mir hinterher

So gab es ein interessantes Bewerbungsgespräch im Albrechtshof der Stadtmission. Das war Anfang 1992, mit Walter-Jürgen Ziemer, meinem späteren Chef, und mit Uli Neugebauer, der bei uns die Notübernachtung leitet und vieles gründet. Ziemer fragte mich: „Herr Puhl, wofür brennen Sie im Leben?" Ich dachte: Du hast ja irgendwie auch einen Knall, das wird ja ein schönes Bewerbungsgespräch, und sagte: „Ich kann mit eurem ganzen christlichen Kram nicht mehr so viel anfangen. Ungerechtigkeit überwinden reicht mir."

Als meine Festeinstellung später durch den Konvent ging, war das Abstimmungsergebnis ein knappes 4:3 für mich. Aber mir war damals wichtig, dass ich den Leuten

sagte: „Wenn ihr an Gott glaubt, wenn ihr an seine All-
macht glaubt, dann könnt ihr euch doch nicht alles selbst
auf die Schultern laden. Wenn ER einen Weg mit mir will,
wird ER den mit mir einschlagen. Und da müsst ihr nicht
drängeln. Und da müsst ihr nicht puschen." Das erahnte
ich damals erst und glaube es bis heute zutiefst: Wenn Gott
mit uns einen Weg gehen will, dann dürfen uns Menschen
Anregungen geben. Aber dann geht ER den Weg mit uns.

Meine Kirchensteuer damals sah ich als meinen Soli-
darbeitrag. Ich dachte: Ich bin zu faul und nicht geizig, das
dürfen sie dir abziehen. Die machen da schon keinen Mist
mit dem Geld. Vor etwa 15 Jahren setzte ich dann zum ersten Mal in meinem Leben auf meine Visitenkarte neben
dem Sozialarbeiter den Diakon mit drauf. Das war eine
Art von Bekenntnis. Heute in der Bahnhofsmission stelle
ich keine Unterschiede mehr zwischen Diakonie und Sozialarbeit fest; ich glaube, das ist beides. Viel Sozialarbeit
und eine durch und durch diakonische Einrichtung. Ob
ich hier als Sozialarbeiter eingestellt bin oder als Diakon,
ist mir wurscht.

Jesus lief mir im Leben wirklich gelegentlich hinterher.
Nur ich hatte ein Problem mit Nähe. Und je mehr er mir
hinterherrannte, desto mehr bin ich gelaufen.

Alles auf Anfang

Ehrlichweise muss man sagen, dass ich mich gar nicht in die Bahnhofsmission gesehnt habe. Vorher war ich Bereichsleiter im Betreuten Wohnen. Ich wollte aber nicht mehr leiten, weil ich mich als zu wenig durchsetzungsfähig empfand. Dazwischen war ich sehr kurz in einer Einrichtung der Stadtmission tätig, die ich ziemlich langweilig fand.

Wir hatten damals einen Prokuristen, zu dem ich ein recht gutes Verhältnis hatte. Der sagte zu mir: „Herr Puhl, Sie fahren den ganzen Tag Essen aus und halten den Ellbogen zum Fenster heraus." Das war wohl wahr, und ich war tatsächlich unzufrieden. „Und mir geht die Bahnhofsmission Zoo den Bach hinunter. Das macht alles keinen Sinn." Ich kannte die Bahnhofsmission und fand sie, wenn ich ab und zu als Streetworker da war, nicht so toll. Der Laden schien mir unbeweglich, unfreundlich, nicht kunden- und gästeorientiert. Nicht dicht bei den Menschen. Wenn ich hier morgens stand, hätte ich erwartet, dass mir als Kollege jemand einen Kaffee anbietet. War aber nicht. Die Bahnhofsmission Zoo, wusste ich, war wirtschaftlich am Ende. Zwei, drei Monate überlegte ich, ob ich hier anfangen solle.

Inzwischen glaube ich, dass Jesus hier schon lange eine Gemeinde gründen möchte. Das ist jetzt sprachlich gewagt und schwer zu beweisen, aber mein früherer Chef und ich haben das immer schon so gesehen. An diesem Punkt geht es gar nicht darum, dass wir die Stadtmission oder Bahnhofsmission oder schon gar nicht Dieter Puhl sind, sondern eigentlich werden wir ein wenig – glaube ich – gestupst, das machen zu müssen. Es ist eine logische Konsequenz aus dem, was hier sowieso schon passiert. Verschiedene tolle kleine, heilige rote Fäden, die hier rumschwirren, müssen miteinander verbunden werden. Wenn wir das Ganze noch so gestalten, dass auch Juden, Muslime, Atheisten, also alle Menschen, sich hier wohl-fühlen und austauschen, dann wird das ein blühendes Mit-einander. Das kriegt die Stadtmission hin, das kriegen wir als Bahnhofsmission hin. Und ganz ehrlich, darauf hatte und habe ich Lust.

„Die Obdachlosen kamen nicht mit einem Raumschiff vom Mars." Dieter Puhl 1998 auf dem „Kirchentag der Diakonie" in Wittenberg.

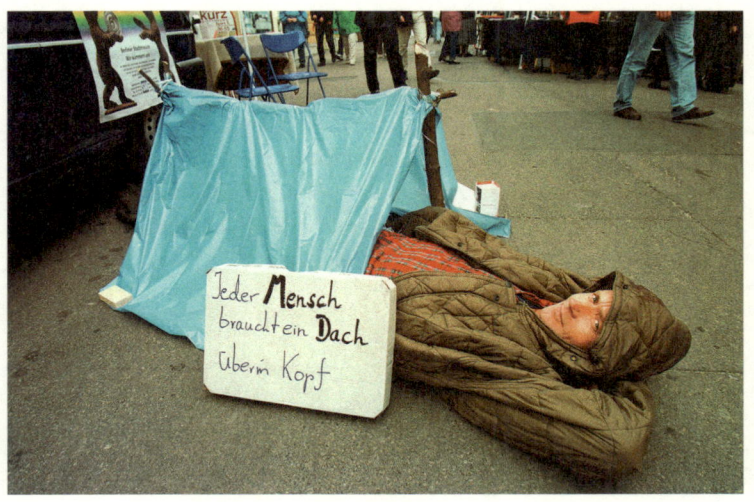

Jetzt mach ich mal einen satirischen Schlenker zu meinem Leben. Ich habe vor 25 Jahren als überzeugter Atheist bei der Berliner Stadtmission angefangen, und seit 25 Jahren arbeite ich mit daran, hier eine Gemeinde zu verwirklichen. Das muss ich schon sagen – das Leben treibt hübsche Blüten, und das ist eine, mit der ich gut leben kann.

 Dieter Puhl
12. September · 22:13 Uhr · ♨

Obdachlose Menschen haben einen überschaubaren gesellschaftlichen Rückhalt, bis in die 70er wurde in Berlin das Leben auf der Straße als Ordnungswidrigkeit mit Bußgeldern bedacht, bei Zahlungsunfähigkeit, was in der Natur der Sache lag, kam es zu Inhaftierungen. In den letzten zehn Jahren aber gibt es positive Entwicklungen, Einrichtungen und betroffenen Menschen wird zunehmend geholfen. Der Begriff „Berber" ist aus dem Sprachschatz fast verschwunden, Tippelbrüder gibt es schon lange nicht mehr, von Pennern sprechen nur noch wenige, zumindest unverblümt. In den letzten Wochen und Monaten droht aber ein neuer „Freundeskreis" hinzuzukommen, er wächst. Waren es Italiener, Türken, Araber, Schwule und Lesben, Russlanddeutsche, osteuropäische Obdachlose, zuletzt Bulgaren und Rumänen – wollen wir nicht – kennen wir nicht – machen uns Angst – prima Blitzableiter – ruff uff die Rübe – nun sind die Flüchtlinge dran.

🖒 Gefällt mir   💬 Kommentieren   ⤷ Teilen

Eine jahrtausendealte Geschäftsidee

Sprechen wir von der Idee, die dahintersteht, von unserem Leitbild. Nicht Dieter Puhl hat hier ein Leitbild geschaffen und auch die Stadtmission nur bedingt. Die Geschäftsidee, die dahintersteckt, ist über 2000 Jahre alt. Das ist eine, über die ich auch gar nicht mehr so sehr nachdenke. Ich möchte da gar nicht zu viel mit dem Intellekt rangehen. Das hat mich eher von Jesus entfernt. Ich glaube, wenn du in einer Liebesbeziehung lebst, dann musst du nicht jeden Abend die Beziehung hinterfragen und intellektualisieren. Dann lebt man ein Stückchen miteinander, nimmt das hin. Das hat etwas mit Vertrauen zu tun; nur redet man manchmal mehr, manchmal weniger miteinander.

Das Vertrauen in das Wirken von Jesus ist hier vorhanden. Sehr unterschiedlich bei den Kollegen, und das ist auch gut so, dass ich hier auch muslimisch geprägte Kollegen habe, aber es ist da. Ich finde es ganz wichtig, dass dieses Vertrauen nicht erschlagend da ist, sondern einladend. Was wir in den letzten Jahren vermeintlich geschafft haben, das haben nur sehr bedingt wir geschafft. Da steckt Fleiß, da steckt viel Zeiteinsatz dahinter, von vielen.

Ich weiß noch, wie ich es kurz nach Ankunft am ersten Tag in meinem Büro vorne klingeln hörte. Und eine ehrenamtliche Kollegin grölte in burschikoser Berliner Hemdsärmeligkeit durch den Flur: „Eh, da ist schon wieder eine alte Oma mit Klamotten." Ich zuckte zusammen. Ich halte mich für eher introvertiert, für still. Und saß hier und dachte: Du bist in einem Laden, der ist pleite. Du kannst nur nach vorne gehen, wenn du dich ein Stückchen nach außen öffnest. Da verirrt sich ein charmanter Mensch, eine ältere Dame, vielleicht fünfundsiebzig, kommt aus Spandau hierhergefahren, schleppt zwei Tüten Kleidung an und wird auf diese Art begrüßt!

Mein Vorgänger war bei den Kolleginnen und Kollegen recht beliebt und vielleicht nicht ganz freiwillig gegangen. Und dann kommt ein Neuer. Jeden Tag um 13.30 Uhr gibt es eine Dienstbesprechung. Ich stellte mich vor: „Tag. Ich heiße Dieter Puhl, ich bin der neue Leiter, ich freue mich auf euch. Und ich würde gerne etwas mit euch üben." Etliche der etwa 15 Haupt- und Ehrenamtlichen saßen mit verschränkten Armen vor mir. Einer konterte: „Was willst du üben?" Ich: „Ich möchte gerne üben: Wie geht man zur Tür, und wie sagt man freundlich: Herzlich willkommen. Kommen Sie herein. Darf ich Ihnen einen Kaffee anbieten? Schön, dass Sie da sind! Darf ich Ihnen die Einrichtung zeigen?" Vielleicht mal ein dezenter Hinweis, wo die Toiletten sind. Wenn man ein bisschen älter ist und lange unterwegs, kann das helfen. Die Reaktion der Mitarbeiter: Nein, sie möchten nicht üben. Meinen Mut zusammenklaubend, wiederholte ich: „Ich bin der neue Leiter. Und ich bestehe darauf."

Dieter Puhl
23. September · 8:00 Uhr · 🔒

Vor 121 Jahren wurde am Schlesischen Bahnhof, dem heutigen Ostbahnhof, die erste Bahnhofsmission gegründet, in den nun an die 105 Bahnhofsmissionen werden u.a. übrigens Flüchtlinge versorgt, seit Jahrzehnten, während und nach vielen Kriegen. Lange bevor es

eine Flüchtlingsbewegung gab, vermutlich auch noch nach dem Abebben derer. Obdachlose Menschen in Berlin kommen aus über 60 verschiedenen Ländern, nur knapp über 40 Prozent kommen aus Deutschland. Sie sind in allen Obdachloseneinrichtungen herzlich willkommen – die Bahnhofsmission Zoo wird zusätzlich noch von vielen verarmten Gästen aufgesucht, auch die Wilmersdorfer Witwe sitzt ab dem 20. jeden Monats im Gastraum, wenn ihre Rente nicht mehr reicht.
Die bei uns tätigen Ehrenamtlichen kommen übrigens auch von unserem gesamten Planeten, ein hübscher, wichtiger Schmelztiegel, Berlin tut gut ... eine Stadt für alle, in der Bahnhofsmission jeden Tag so gelebt.

👍 Gefällt mir   💬 Kommentieren   ↗ Teilen

Ehrenamt kann selbstverliebt sein

In meinen ersten zwei Wochen haben von den damals etwa 60 Ehrenamtlichen rund 25 aufgehört; das tat mir unheimlich leid. Ich habe um jeden einzelnen gekämpft, damit er bleibt. Rückbetrachtend sage ich: Es sind genau die Richtigen gegangen.

Ehrenamt kann selbstverliebt sein, Ehrenamt muss nicht etwas mit den Menschen zu tun haben, und Ehrenamt könnte, wenn alles schiefläuft, auch sagen: „Bitte stört uns nicht in der Kaffeerunde." Diese 25 Menschen, die gingen, haben Raum geschaffen. Mittlerweile haben wir über 200 Ehrenamtliche. Die meisten Menschen, die danach kamen, sind wahrscheinlich früher, wenn sie sich mal hier-

„Wir sind Bundesverdienstkreuz." Mit Berlins Regierendem Bürgermeister Michael Müller und der Abgeordneten Ülker Radziwill im Roten Rathaus bei der Verleihung des Bundesverdienstkreuzes im Februar 2017.

her verirrt hatten, auch nach drei Minuten zusammengezuckt und nie wiedergekommen, weder als Ehrenamtliche noch als Spender.

In der Sonntagsgruppe der Ehrenamtlichen gab es drei Damen, liebevoll bezeichnet als die drei Damen vom Grill. Alle drei etwa Mitte sechzig, alle drei eine unheimliche Klappe. Und die hauptamtlichen Kollegen wollten, dass sie aufhören, sprich: Sie wollten sie rausschmeißen, wie sich bei einer Dienstbesprechung herausstellte. Aber keiner hat sich getraut, ihnen das zu sagen. Das hat mich gewundert. Zu dominant, zu burschikos – passte eigentlich zum damaligen Ton –, aber die drei Damen hatten es vielleicht ein Stückchen überzogen. Das war meine erste Aufgabe, die ich regeln sollte: Erwachsenen Menschen, die keinen Arsch in der Hose hatten, dabei behilflich zu sein, mit drei Frauen in den Dialog zu gehen. Ich habe mir die drei Frauen daraufhin mal angeschaut. Sie hatten den Laden tatsächlich absolut im Griff, sehr durchorganisiert. Sie hatten Klappe, aber ich fand diese Klappe durchaus charmant. Es gibt in Berlin so etwas, es kann unfreundlich sein, aber es gibt auch einen gewissen Ton, der eigentlich danach schreit, dass sich jemand daran reibt. Und es gibt Berliner, die das sehr mögen, wenn man sich daran reibt. Ich war über diese drei Frauen froh, weil sie eine super Arbeit geleistet haben. Also setzte ich mich auf einen Kaffee hin und sagte: „Mensch, haltet mal euer loses Mundwerk. So geht das nicht." Und dann guckten die mich an: „Ach, Chefchen, meinst du?" Und ich: „Ja. Das meine ich so. Ihr macht einen Top-Job. Aber faltet bitte nicht alle anderen zusammen." Guter Frieden, sie hatten verstanden. Die eine von ihnen ist noch da, die beiden anderen können altersbedingt nicht mehr. Das sind meine Bänke, meine Juwelen, meine Perlen.

Der richtige Spirit

Ich wusste, wir haben nur eine Chance, wenn wir Menschen für unsere Arbeit begeistern und mitnehmen können. Ich wusste aber auch, dass du das erst dann machen kannst, wenn deine Arbeitsinhalte stimmen. Ich hatte aus anderen Zusammenhängen Kontakte zu Journalisten. Ich hatte ein paar wenige Kontakte zu Netzwerkern. Das sind alles intelligente, sensible, helle Menschen. Denen würde ich im Leben maximal einmal Blödsinn erzählen können. Das hieß – und gilt bis heute, aber damals war das sehr straff –, wir fingen an, Arbeitsinhalte zu verändern. Tatsächlich Dienst-Leister zu sein. Das ist ein schönes altes Wort: dienen und leisten. Ich hatte Kollegen, die technisch gut waren. Ich möchte niemandem zu nahe treten, dennoch hatte ich das Gefühl: Sie waren nicht von der Seele her mit dabei. Menschen in der evangelischen Bahnhofsmission zu verwalten, das war nicht mein Ding.

Ich habe in zehn Jahren nicht einen Menschen entlassen, sondern in meiner Personalverantwortung sozialkompatibel geschaut, ob es nicht einen anderen Platz gibt, wo jemand besser aufgehoben ist. Manchmal habe ich sogar Menschen bekommen, die vielleicht von der Fachlichkeit am Anfang gar nicht so gut waren wie die, die gingen, aber ein viel weiteres Herz hatten. Die Fachlichkeit haben sie dann gelernt. Ganz vieles hier hat etwas mit *spirit* zu tun.

 Dieter Puhl
14. Januar · 23:55 Uhr · 🔔

Es gibt Menschen, die kommen zur Tür rein und nach 1 Minute möchtest du sie umarmen. Machen wir dann auch. Und dann wollen sie auch noch helfen. Die positiv Irren konzentrieren sich am Bahnhof Zoo in Berlin. Gut so!

👍 Gefällt mir   💬 Kommentieren   ↪ Teilen

Preise öffnen Türen

Im Frühjahr 2017 kam ein überraschender Anruf aus Bielefeld, von der Regine-Hildebrandt-Stiftung. Von der hatte ich noch nie gehört. Die Bahnhofsmission Zoo erhält den Regine-Hildebrandt-Preis. Auch das Bundesverdienstkreuz war schon eine feine Sache. Der Regine-Hildebrandt-Preis ist ein ausgesprochen politischer Preis für gesellschaftliche Solidarität und gegen Armut. Das hat mir gefallen. Dass ich einen politischen Preis in der Tradition dieser Frau bekam, da war ich stolz darauf. Mit den Preisträgern in den letzten Jahren, das war zum Beispiel Rita Süssmuth, konnte ich gut leben. Das war auch Heiner Geißler, da habe ich schwer durchgeatmet, aber das ist ein Mann mit Spektrum gewesen. Das war als Ganzes der Deutsche Paritätische Wohlfahrtsverband. 5000 Euro Preisgeld sind viel Geld für die Bahnhofsmission. Freude hat mir auch gemacht, Jörg Hildebrandt kennenzulernen, den Ehemann. Und was der Hammer war: Familie Hildebrandt hat hier mehrfach mitgearbeitet, das ist ein Wahnsinns-Clan. Seine Töchter, seine Schwiegersöhne und Enkelkinder. Ich hatte den Eindruck, dass sich auch für die Familie etwas geschlossen hat.

 Dieter Puhl
12. Februar · 20:15 Uhr · 🔒

„WIR SIND BUNDESVERDIENSTKREUZ". Viele Ehrenamtliche, Hauptamtliche, Praktikantinnen und Praktikanten und Menschen, die in der Bahnhofsmission Berlin Zoologischer Garten „Arbeit statt Strafe" verrichten, geben sich mit Herz und Zeit ein – jeden Tag wollen bis zu 700 obdachlose Gäste versorgt werden. Sie haben Aufmerksamkeit, Liebe, Zuspruch und Hilfen verdient. Das ist Mannschaftssport und das wissen auch sehr viele Berlinerinnen und Berliner, Spender, aus vielen von ihnen wurden Freunde, das wissen Unternehmen und Netzwerke.

So konnten wir Hilfen erweitern und an etlichen basteln wir noch. Gut – neue Freunde kommen hinzu. Freunde haben mich kalt erwischt, die Beantragung lief über ein Jahr, ich ahnte nichts. Merci – gut, solche Freunde zu haben! Vor 25 Jahren startete ich meine Tätigkeit bei der Berliner Stadtmission, weil diese schon damals gute Obdachlosenarbeit gemacht hat. Machen wir wohl noch immer und auch hier: Mannschaftssport. Kältebusse, Notübernachtungen, Medizinisches Zentrum, Beratungsstellen, Wohnprojekte, tolle Kolleginnen und Kollegen u.v.m. – täglich kooperieren wir, ergänzen uns, geben uns Halt, trösten uns, spornen uns an. Über 100 Bahnhofsmissionen in Deutschland sind auch ein tolles, tragendes Netzwerk mit breitem Spektrum, aber immer nahe bei den Menschen.

In erster Linie aber ein Bundesverdienstkreuz und Respekt für Jesus – er hält das alles zusammen, ist unser Coach! DANKE.

👍 Gefällt mir   💬 Kommentieren   ↗ Teilen

Heldinnen und Helden im Alltag

Ich habe erzählt, dass einige unserer Helferinnen und Helfer, als ich kam, aufgehört haben. Der Fankreis wurde vorübergehend kleiner. Wir haben uns Mühe gegeben, so einfache Dinge wie Kundenfreundlichkeit umzusetzen und eine Dienstleistung zu erbringen, und zwar gegenüber allen Menschen. Freundlich und dienend und leistend zu handeln, hört sich selbstverständlich und fast schon konservativ an. Ich muss kritisch anmerken, dass ich mich auch ein paar Mal im Jahr in der falschen Tonlage erwische und zusammenzucke. Dann schließe ich mich lieber in mein Büro ein und denke: Du bist heute nicht sozialkompatibel, es ist besser, wenn du heute nicht auf die Menschheit losgelassen wirst, mach mal lieber Aktenarbeit. Und auch ich brauche Unterstützung.

Emotionaler Rückhalt

Ich denke an CHRISTEL, die bereits vor mir in der Bahnhofsmission war. Christel war damals schon etwas älter und ist jetzt Ende sechzig. Vorher war sie Chefsekretärin bei Michael Sommer im DGB gewesen. Chefsekretärin heißt, sie hat einen sehr guten Blick für Logistik. Sie hat aber auch einen sehr guten Blick besser in den Dingen, in denen ich persönlich abschmiere, also bei Dingen, bei denen ich strukturelle Hilfe brauche, weil ich manchmal ein bisschen schlampig bin. Ich bin Christel unheimlich dankbar dafür, wenn sie mein Büro aufräumt, nachdem ich in meine Kreta-Urlaube gestartet bin. Damit meine ich nicht Staub saugen, sondern meinen Kram sortieren. Liebevoll sage ich ihr, dass sie mir den Hintern rettet, und bedanke mich herzlich. Christel ist als Rentnerin finanziell unabhängig. Oft arbeitet sie von zu Hause, denn wir haben keinen Platz. Durch den Neubau wird sich das zukünftig ändern. Also, Christel hat zu Hause ihren PC und erledigt die so wichtige Dankes-Post. Wir bekommen viel Post, viele Pakete aus Malente, Liechtenstein, München, Magdeburg, Leipzig. Wir packen das Päckchen aus, schneiden den Absender raus und schreiben hinten drauf, was in dem Paket drin war. Und pflegen diese Kontakte, drücken unsere Freude aus und sagen Danke. Mal ganz ehrlich: Das schaffe ich selbst bei größtem Bemühen nicht. Ich versuche es; das Gute ist ja, dass wir so viele Freunde haben. Und es werden noch mehr, die es verdient haben, dass sie vernünftig angesprochen werden.

IRENE, Holländerin aus Amsterdam, kritisch gegenüber allem und jedem, mit der ich auch gerne über deutsch-niederländische Geschichte politisiere, war auch Chefsekretärin. Sie bietet neben normalen ehrenamtlichen Tätigkeiten wunderbare Führungen an, erklärt exzellent die Bahnhofsmission und macht außerdem Telefondienst. Wenn du die Schichtleitung hast und am Abschmieren bist, weil gerade die Welt zusammenbricht, ist es manchmal gar nicht so leicht, am Telefon noch freundlich zu sein:

„Ach, Sie haben ein Anliegen, kann ich Ihnen helfen?" Das Telefon geht pro Tag schätzungsweise 300 Mal. Das kann der Caterer sein, der uns Essen anbietet. Das kann jemand sein, der eine Auskunft haben möchte. Das passiert auch nachts. Eines Nachts meldete sich zum Beispiel der angebliche Adoptivsohn von Sido, der angeschossen wurde.

CHRISTEL und IRENE sind mir beide ganz wichtig als emotionaler Rückhalt. Es läuft nicht immer alles schön in der Bahnhofsmission. Es gibt auch für mich Nöte. Davon kann ich meiner Freundin erzählen, was ich aber nur bedingt möchte. Ich finde es stattdessen richtig schön, mit Irene am Abend einen guten Wein trinken gehen zu können. Sie versteht das, weil sie hier mitarbeitet, und wir trösten uns.

 Dieter Puhl
9. September · 17:00 Uhr · 🔒

Seht bitte selbst, was zum Beispiel Stefanie diese Woche im Nachtdienst erlebt hat: „Ein nackter Mann. Und das um 5 Uhr im Nachtdienst ... Er schien weder verwirrt noch beraubt, er war einfach nur nackt!! Er stand plötzlich mit seinem Fahrrad vor der BaMi, er wollte mir leider nicht verraten, was passiert ist. Einen Tee später und vollständig eingekleidet, will er nun die Bahn nehmen. Tja, hatte ich in der Form auch noch nicht. Es wird halt nie langweilig und wenn man erst mal begreift, dass man nicht im Nachtdienst eingenickt ist und träumt, kann ‚Frau' auch darüber schmunzeln ..." Heute noch frei – und morgen wieder in dem „irren Laden".

🖒 Gefällt mir   💬 Kommentieren   ↷ Teilen

Jesus ist wichtig, nette Menschen auch

Ich soll vielen Menschen Trost spenden oder Halt geben, aber natürlich brauche ich den auch. Den finde ich bei Jesus. Aber ich finde nette Menschen neben Jesus auch noch ganz wichtig. JÜRGEN zum Beispiel, pensionierter Architekt. Ich habe ihn über acht, neun Jahre einfach liebgewonnen. Jürgen steht an der Tür als Einlasskontrolleur. Er lebt ein Lebensmodell, das ich für die Frage, wie anständig älter werden, sehr attraktiv finde. Jürgens Modell käme mir sehr nahe. Er hat ein kleines Segelboot, und im April haut er mit seiner Liebsten ins Mittelmeer ab. Bis Ende Oktober ist er unterwegs und genießt das Leben. Wenn die beiden zurückkommen, steht er am nächsten Tag in der Bahnhofsmission und arbeitet dreimal in der Woche ehrenamtlich hier. Er ist sehr zuverlässig und auch ein guter

„Diese Welt ist dem Bürger einfach fremd." Mit dem Obdachlosen Ronny und dem ehemaligen Bahn-Chef Rüdiger Grube.

Partner. So einen Rückhalt bei ein paar Menschen zu haben, ist toll, bedeutet Verständnis, Trost, Solidarität, Anregung und Freundschaft.

Es gibt noch einen ZWEITEN JÜRGEN. Der ist unsere Qualitätskontrolle. Er arbeitet ehrenamtlich im Gastraum, so bis 18.10 Uhr, und kommt dreimal im Monat abends zu mir ins Büro. Zu dieser Zeit bin ich auch ganz gut durch. Er steht dann an der Tür und sagt: „Kann ich dich noch mal zehn Minuten sprechen?" Und macht mir immer irgendwelche irren Vorschläge, was man verbessern könnte. Zeigt auf, wo wir nicht gut sind oder unfreundlich waren, Momente, in denen wir unseren Gästen näher sein könnten. Manchmal könnte ich ihn erschlagen, zwei-, dreimal bin ich hochgegangen. Freundschaft hält das aus. Er weiß, ich sortiere mich und gehe zwei Tage später zu ihm und sage: „Scheiße, Jürgen, du hast recht. Herzlichen Dank, du bist eine verlässliche Qualitätskontrolle. Du weist uns auf unsere Schwachstellen hin."

Die jüngere Generation ist am Start

Zu den jüngeren Menschen, die mich berühren, gehört zum Beispiel SÜNJE. Sie hat hier mit achtzehn Jahren angefangen zu arbeiten. Sünje widerspricht, wie viele andere, dem oberflächlichen Bild der Medien von komasaufenden Jugendlichen. Es wird vorgegeben, sie würden sich entziehen und nicht gestalten. Sünje steht für viele junge Menschen, die bei uns einen richtig guten Job machen. Zunächst hat sie drei Jahre mehrfach in der Woche ehrenamtlich hier gearbeitet und eine Ausbildung zur Fotografin gemacht. Inzwischen arbeitet sie festangestellt hier und will nun Sozialarbeit studieren.

Was ich nicht aushalten würde, wären brave, heilige Mädchen mit Gitarre, die den ganzen Tag „Ach, Christus, meine Zuversicht" singen. Da kriege ich Platzangst. Was ich mag, sind die jungen Menschen, die Samstagfrüh mit Rändern unter den Augen herkommen, weil sie die ganze Nacht Party gemacht, gelebt haben und dennoch pünktlich um 6 Uhr hier sind und ihren Dienst antreten.

Ich denke an JANA, die mit siebzehn ein erstes Praktikum hier machte. Danach absolvierte sie das zweite und das dritte Praktikum und schloss die Sozialarbeit mit 1,0 ab. Sie arbeitet als Mobile Einzelfallhelferin, war und ist superengagiert. Jetzt mit dreiundzwanzig gönnt sie sich eine Auszeit und lebt in einem Ashram in Indien.

Menschenfischer aus vielen Milieus

LUTZ war Manager bei Siemens, der hier anfing, weil er schwer erkrankt war. Er kannte mich nicht. Er hatte sich selbst gesagt: „Lieber Gott, wenn ich nicht sterbe, gehe ich fünfmal in die Bahnhofsmission und wasche ab." Er tauchte hier auf, als er noch Werksleiter bei Siemens war und somit in eine vollkommen neue Welt kam. Einmal sagte er, er kenne die gesamte Welt. Wenn er in Indien ein Geschäftstreffen hatte, dann sah er dort Menschen vor seinem Hotel sterben, und es habe ihn nicht berührt. Warum Lutz hier hängenblieb, weiß ich nicht, aber er ist einer meiner besten Freunde geworden, ein Spitzenmanager, der mir schon manchmal andere Denkstrukturen vermittelt hat. Der mir auch manchmal Mut macht, indem er sagt: „In aller Bescheidenheit, versuch auch mal, ein bisschen größer zu denken. Bei einigen Punkten darfst du ruhig ein bisschen mutiger sein!"

Lutz hat seine Krankheit überlebt. Er ist jetzt siebzig, hilft, netzwerkt und steht noch immer hinter der Geschirrspülmaschine. Wenn Lutz an der Tür steht und jemand gibt eine Tüte mit Bekleidung ab, hat er eine geniale Art zu fragen, ob er demjenigen die Bahnhofsmission zeigen darf, und: „Kann ich Ihnen einen Kaffee anbieten?" Oder: „Kann ich Ihnen die Arbeit erklären?" Wir haben hier sehr viele Menschenfischer. Lutz nimmt übrigens auch am Treffen mit einigen anderen Managern teil, das einmal im Jahr stattfindet, bei dem wir es vielleicht schaffen, in der ersten Viertelstunde ein Projekt zu gründen. Danach essen wir in Ruhe Pizza und tauschen uns aus.

 Dieter Puhl
9. Oktober · 12:50 Uhr · 🔒

Nicht jeder obdachlose Mensch ist freundlich und immer friedfertig, der Rest der Gesellschaft ist es ja aber auch nicht. Eine höhere Gewaltbereitschaft kann ich nach 25 Berufsjahren nicht erkennen. Werden Obdachlose straffällig, dann als Schwarzfahrer, einige als Ladendiebe und ja, einige hauen sich stark alkoholisiert schon mal gegenseitig auf die Nase. Der Bürger ist nicht bedroht, es schreckt ihn aber ab, diese Welt ist ihm einfach fremd.
Kommt es selten aber zu Übergriffen, sind Menschen

aggressiv, darf und sollte das doch zunächst eine Angelegenheit polizeilicher Ermittlungen sein. Denkt man.

Schaut man sich die Menschen aber genauer an, erkennt man, einige sind psychisch erkrankt, „eigentlich große mit Nuckelflasche alleingelassene und überforderte Kinder".

Hier erscheint fachärztliche Begleitung und Behandlung nötig, sicher schwer umzusetzen, grundsätzlich aber nicht unmöglich, es probiert nur keiner.

Werden Menschen eigentlich obdachlos, weil sie angeblich aggressiv und gewaltbereit sind, oder sind äußerst widrige Lebensumstände einem respektvollen Miteinander nicht immer zuträglich? Sie abzuschieben, bedeutet in der Übersetzung auch, wir entledigen uns auch psychisch erkrankter Menschen. Haben wir da als Gesellschaft nicht mehr auf der Pfanne?

    🖒 Gefällt mir   💬 Kommentieren   ↱ Teilen

Der gute Bulle

Oder der „gute Bulle" vom Bahnhof Zoo, DETLEF SCHILDE. Er ist Kontaktbereichsbeamter und hat hier schon vor 25 Jahren gearbeitet. Er sagt, hier habe alles Tradition und Geschichte: „Eure Gäste sind vorher in der Waagerechten von uns behandelt worden." „In der Waagerechten" heißt, dass du im Wagen gelegen hast, weil du bei einer Auseinandersetzung den Kürzeren gezogen hast. Waagerecht steht auch dafür, dass in Deutschland zwischen Polizei und Obdachlosen nicht immer alles Friede, Freude, Eierkuchen ist. Die geraten aneinander.

Detlef kommt zwei-, dreimal in der Woche auf einen Kaffee vorbei. Wir geben uns Rückhalt. Wenn ihn manche Leute hier in Uniform sehen, sind sie zunächst sehr irritiert. Ich kann mich an viele Situationen erinnern, in denen Menschen einen Schreck bekamen, weil sie hier Polizei sahen.

Eine der schrägsten Geschichten mit meinen Freundinnen und Freunden von der Polizei ist die von MONIKA. Monika ist Polizeibeamtin und hat vor über 20 Jahren ehrenamtlich in der Bahnhofsmission angefangen zu arbeiten. Am dritten Tag hat sie erzählt, dass sie Polizeibeamtin ist. Daraufhin hat die damalige Leitung sie gebeten, das Ehrenamt niederzulegen.

Sozialarbeiter sind alle ein Stückchen links und durch ihre damaligen Dozenten an den 68er-Jahren orientiert. Man wollte in der Parteilichkeit gegenüber Gästen und Klienten keine Solidarität und Parteilichkeit gegenüber Polizisten leben. Pflege deine Feindbilder! Ich komme ja aus einem kleinen Dorf, und damals schon waren einige meiner besten Freunde Polizisten. Tatsächlich zuckte ich aber auch ein bisschen, als ich nach Berlin kam und da ein anderes Bild von Polizisten mitbekam. Dazwischen versuche ich zu vermitteln.

Monika wurde also aus der Bahnhofsmission hinausgeworfen. Aber sie hat sich in ihrem Ehrenamt nicht abweisen lassen, sondern gründete in der Polizei einen Verein „Polizisten für Obdachlose", wo Polizisten für Obdachlose Bekleidung sammeln. Vor über 20 Jahren sagten ihre Kollegen: „Sag mal, hast du einen an der Waffel, was für Penner zu tun?" Ich habe ganz großen Respekt vor dieser Frau, vor vielen ihrer Kolleginnen und Kollegen. Die hat es nämlich von zwei Seiten bekommen, von der Sozialarbeit und aus ihrem eigenen Apparat. Monika hat nicht aufgegeben, hat sich immer wieder gerieben und weitergemacht. Schön, dass wir jetzt gute Freunde sind!

Die Nummer mit der Feindesliebe

ELISABETH hat mit siebenundsiebzig Jahren angefangen, in der Bahnhofsmission ehrenamtlich zu arbeiten. In anderen Netzwerken will man Siebzigjährige nach Hause schicken, weil sie angeblich nichts mehr leisten können, was ich vollkommen schräg finde. Ich kenne Leute, die machen mit fünfundsiebzig Bungee-Jumping oder sie verlieben sich neu. Elisabeth ist jedenfalls zu der Zeit noch Marathon gelaufen. Zu ihrem achtzigsten Geburtstag, an dem sie am Vormittag einen Halbmarathon gelaufen war, haben wir eine wilde Party gefeiert.

Elisabeth hält den Laden mit am Laufen. Sie kümmert sich um die Essensausgabe, sie übernimmt Tätigkeiten in der Küche. Und sie ist nett zu Menschen. Vor einiger Zeit, da war sie einundachtzig, saß sie vor mir und weinte, weil ihr einer unserer Gäste ins Gesicht gespuckt hatte, obwohl sie eine ganz gütige Frau ist. Dann habe ich sie eine halbe Stunde getröstet und etwas sehr Widersprüchliches gemacht, womit ich hier nicht nur Kirschen geerntet habe, ja, es gab richtig Krach. Ich habe dem Gast kein Hausverbot erteilt, sondern Elisabeth gebeten, sich in Ruhe zu waschen, und sich weiter um diesen Menschen zu kümmern.

Ich hatte sehr großes Verständnis dafür, wie demütigend es ist, angespuckt zu werden. Aber dass das möglicherweise der Mensch ist, der uns an dem Tag am nötigsten hat, ist eine schräge Herausforderung für uns alle, auch für mich. Es wäre so leicht, mit ehrlicher Empörung zu sagen, dass das nicht geht. Das kann ich auch, und daran gewöhnen möchte ich mich auch nicht. Aber Elisabeth ist so rein, dass jeder sofort weiß: Das macht man nicht! Wenn das jemand trotzdem macht, hat das seine Gründe. Uns mit den Gründen zu beschäftigen und sich damit auseinanderzusetzen, hat vielleicht mit diesem komischen Wort „niedrigschwellig" zu tun.

Ich glaube übrigens, dass wir in der Bahnhofsmission Zoo viele Menschen haben, die in sehr vielen anderen Einrichtungen in Berlin Hausverbot haben. Weil sie anecken, weil sie Murmler sind, weil sie nicht immer sozialkompatibel sind. Wir sind eine Einrichtung, wo wir heftigst in den Dienstbesprechungen untereinander diskutieren, ob wir einem Menschen Hausverbot geben. Aber was bleibt, wenn wir ihm das Hausverbot erteilen?

Elisabeth war über meinen Ratschlag zunächst entsetzt. Bei aller Freundschaft, da war sie schon ganz schön biestig auf mich. Das bekam ich nur noch gerettet, indem ich sie am Abend zum Hefeweizen eingeladen habe, wobei wir das noch mal zwei Stunden durchdiskutierten. Anschließend sagte sie, sie verstehe mich und dass ich ihres Erachtens richtigliege.

Aber darum geht es mir nicht, sondern darum, dass die Antworten nicht immer ganz einfach sind. Es passiert etwas und du meinst, so und so reagieren zu müssen. Das

„Wie können sich Menschen solidarisieren, um dieses gesellschaftliche Brandmal Obdachlosigkeit ein Stück zu heilen?" Dieter Puhl rockt mit Gunter Gabriel – am 16. Dezember 2014 bei dessen kostenlosem Konzert für alle Gäste, Angestellte und Freunde der Bahnhofsmission am Berliner Zoo.

hier ist aber die evangelische Bahnhofsmission. Ein Stückchen Evangelium umzusetzen, hat ja nicht immer etwas mit uns zu tun. Ich finde es gut, dass ich nichtig sein darf. Es geht um die Auseinandersetzung mit unseren Nichtigkeiten, mit unseren Kleinlichkeiten: Jesus hat doch manchmal eine verblüffende Größe. Es ist keine, die nur sofort gut runtergeht. Einige Geschichten sind sehr provokant. Die Nummer mit der Feindesliebe zum Beispiel. Ich bin jetzt sechzig, und das fällt mir schwer ...

Wenn ein Mensch an einer Psychose erkrankt ist – das ist ja der Irrsinn –, wird er im Zweifelsfall gar nichts begreifen, wenn du ihm ein Hausverbot geben würdest.

Das ist ein mühseliges Suchen: Was begreift ein Mensch? Wenn er noch irgendwas registriert, bin ich auch dafür, eine Grenze aufzuzeigen. Wenn er aber auf einem vollkommen anderen Planeten sendet, können wir ihm nur mit Vorsicht und mit Liebe begegnen. Und darauf hoffen, ihn zu erreichen. Wenn Menschen absacken und nicht mehr zu erreichen sind, dann sind sie meiner Erfahrung nach selten über Monate oder Jahre in dieser Verfassung, sondern es gibt Schübe. Wenn er gerade mal ein Stück aus diesem Keller ist, wäre der richtige Zeitpunkt, sich mit diesem Menschen zu unterhalten und auf ihn zuzugehen.

Die Sinnfragen beantworten wir dir

Der liebe Gott hat mir bestimmte Gaben mitgegeben, und ich halte mich auch für fleißig. An einigen Punkten bin ich aber faul. Unangenehmen Dingen versuche ich aus dem Weg zu gehen. Vielleicht ist das der einzige Vorteil als Chef, dass man manchmal Kollegen fragen darf, ob sie einem dies oder jenes abnehmen. Noch in meiner Anfangszeit machte ein junger Mann bei uns ein Praktikum, der Personalleiter in einem kleinen Betrieb, aber dort absolut unzufrieden war. Lebenskrise, es hat ihn nicht ausgefüllt, Geld zu verdienen, zu managen und zu machen. Mit ANDY kam ich ins Gespräch. Ich sagte ihm: „Ich werde dich total unglücklich machen. Ich mache dir jetzt ein Jobangebot, 1400 Euro netto. Mindestens 1000 Euro weniger, als du vorher verdient hast. Du wirst abends leichenblass nach Hause gehen, aber du wirst dir keine Sinnfragen mehr stellen im Leben. Die beantworten wir dir hier in der Bahnhofs-mission."

Wenn ich jemanden habe, der manches zehnmal besser kann als ich, Dienstpläne zu schreiben beispielweise, dann regeln wir das. Ein Stückchen darf man in einer Einrichtung auch gabenorientiert arbeiten. Man muss nicht alles können, und, ganz ehrlich, ich kann nicht alles. Ich bin damals übrigens noch aus einem strategischen Grund hierhergekommen. Ich wusste, ich finde einen Laden im Schlummerschlaf vor, und vieles in der Berliner Stadtmission fing an, sich zu digitalisieren. Da bin ich echt ein bisschen doof und hatte auch keine Lust, einen Kurs nach dem anderen zu belegen. Ich bin jetzt sechzig. Und ich mogele mich hier in den nächsten sieben Jahren noch durch. Inzwischen habe ich eine Kollegin, die die digitale Beauftragte für die Bahnhofsmission ist. Anna-Sophie regelt das viel besser als ich.

 Dieter Puhl
29. Dezember · 15:59 Uhr · ⚖

Ach Mensch … Schon vor geraumer Zeit reduzierte sie ihre 5-Tage-Woche um 1 Tag, um freitags immer ehrenamtlich bei uns arbeiten zu können. „Weniger Geld, aber mehr Lebenssinn und Freude."

    👍 Gefällt mir   💬 Kommentieren   ↪ Teilen

Religiöse Rituale

Jeden Tag um halb zwei gibt es ein Treffen der Kollegen des Frühdienstes, die sich dann verabschieden, und der Spätdienst kommt. Da trinken wir eine Tasse Kaffee, machen Diensteinteilungen. In der Runde sitzen so 15 bis 18 Menschen zusammen. Wir versuchen, dieses Treffen zu gestalten, um eben auch zu vermitteln: Wir sind nicht die Entscheider. Die Kollegen wählen Texte aus, die manchmal interpretiert, manchmal auch hinterfragt werden. Wir nennen das „Tagesimpuls". Als ich vor zehn Jahren herkam, hatten wir ein kleines Büchlein mit jüdischen Geschichten, aus dem jeden Tag drei Sätze vorgelesen wurden.

Wir haben das ein Stück belebt, und es dürfen jetzt unterschiedliche Texte sein. Einmal in der Woche findet bei uns wieder eine Andacht statt. Das ist eine offene Andacht, zu der sehr selten Menschen von außen kommen, wenn ich über Facebook dazu einlade. Das ist noch sehr zart, aber es wächst. Das muss noch ein wenig gepflegt werden und sich finden.

Wir hatten – das ist im Moment von der Personalressource her wirklich schwierig umzusetzen – 14-täglich sonntags um zehn einen kleinen Gottesdienst. Das versuchen wir jetzt wieder. Das Schöne ist: Wir haben Geld auf dem Konto. Das Nichtschöne ist: Uns fehlt das Fachpersonal. Schwer verdientes Geld wegzuballern für Leute, die nicht gut sind, das wäre nicht sinnvoll, und da kommt ein Wesenszug von mir zum Vorschein: Da bin ich irgendwie geizig. Das würde mir leidtun. Ich möchte nicht irgendeinen Gemeindeleiter. Ich möchte einen charismatischen Gemeindeleiter. Ich möchte jemanden, der seine Ärmel hochkrempelt. Das wäre mein Wunsch.

In drei, vier Jahren, wenn unser neues Zentrum fertig ist und wir uns ein Stückchen erprobt haben, wird der Raum zu klein werden für einen gemeinsamen Gottesdienst. Wir werden im Winter in die Bahnhofshalle umziehen und im Sommer in den Tiergarten gehen. Ich stelle mir auch nicht unbedingt einen Gottesdienst um 10 Uhr vor, das ist vielleicht ein bisschen zu früh für Berlin. Ich sehe bunte Decken, viele Picknickkörbe, junge Familien mit Kindern. Und wir werden zusammen essen, ein Stück miteinander leben. Es geht dabei immer auch um obdachlose Menschen, um unser Miteinander. Es geht immer darum einzuladen, nachzudenken: Wie leben sie? Wie können sich Menschen solidarisieren, um dieses gesellschaftliche Brandmal Obdachlosigkeit ein Stück zu heilen?

Biotop Bahnhofsmission

Wir haben einen Riesenstandortvorteil: Wir sind 24 Stunden am Tag für Menschen da, 365 Tage im Jahr. In unserer Gaststube haben wir von 6 Uhr bis 7 Uhr Frühstück, jeden Tag. Ostersonntag, Karfreitag. Immer ist immer. Wir haben von 14 Uhr bis 18 Uhr Mittagessen und von 22 Uhr bis 0 Uhr ist auch geöffnet, und du bekommst etwas zu essen. Wenn wir die Gaststube immer aufhätten – wir haben wahrscheinlich 6000 obdachlose Menschen in Berlin –, dann würden wir es nicht schaffen. Wenn du um 12 Uhr vor der Tür stehst, du die Einrichtung nicht kennst und sagst, dass du Hunger hast, bekommst du um 12 Uhr etwas zu essen. Notbekleidung, Beratung, Seelsorge, Ansprache erhältst du aber rund um die Uhr. Du bekommst auch nachts um 3 Uhr etwas zu essen. Wenn du die Einrichtung aber seit fünf Jahren kennst und sagen würdest, du möchtest um 12 Uhr etwas zu essen bekommen, dann würde ich sagen: „Du darfst dich auch ein bisschen an unsere Strukturen halten. Für dich gibt es gerne in zwei Stunden etwas zu essen."

Vor zehn Jahren war ich eigentlich gehalten, das zu verändern. Wenn eine Einrichtung finanziell nicht so gut dasteht – was in Berlin ununterbrochen passiert –, dann reduzierst du dein Angebot. Damals war die Frage: Schließen wir nachts die Bahnhofsmission Zoo? Damit rettest du dein Budget ein bisschen. Aber es gehört zum Charme dieser Einrichtung, dass sie 24 Stunden geöffnet hat, denn davon gibt es nicht so viele in Berlin. In diesen 24 Stunden werden wir von sehr verschiedenen Menschen angesteuert, Obdachlosen, Armen, und natürlich kommen bahnreisende Menschen zu uns, die in Not geraten sind. In meinem ersten Jahr habe ich mich gewundert, dass wir von allen Botschaften Weihnachtskarten bekamen, von der amerikanischen sogar Pralinen. Da dachte ich: Du arbeitest in einem ganz wichtigen Laden, wenn alle Botschaften dir schreiben. Erst später bekam ich mit: Die Botschaften verscheißern ihre Landsleute. Wenn du beispielsweise Amerikaner bist und in Berlin deine Ausweispapiere verloren hast, stellt dir deine Botschaft kein Hotel und gibt dir keine zehn Euro für neue Ausweisbilder. Sie lassen dich auch nicht mit Tante Uschi in Amerika telefonieren, sondern sie sagen dir: „Hier ist die Karte der Bahnhofsmission. Gehen Sie mal dahin, die kümmern sich um Sie."

Dieter Puhl
9. Februar · 12:10 Uhr · 🔒

Bereits 1954 und auch jetzt noch, Hilfen für in Not geratene bahnreisende Menschen:
„Sehr geehrter Herr Puhl, in den kommenden Tagen möchte ich eine warme Jacke, Handschuhe und stabile, gute Schuhe vorbeibringen. Das allein jedoch wäre sicher kein Grund für einen Brief. Es ist eher ein kleines Geschenk, das ich Ihnen in Erinnerung an einen guten Abend bringen möchte, an dem ich in der Bahnhofsmission Hilfe gefunden habe.
Ich bin in der DDR aufgewachsen und hatte, trotz bester

Noten, keine Chance dort zu studieren, schon gar nicht, Schauspielerin zu werden. Zwei Jahre Schlauchfabrik war das Angebot, danach würde man sehen, ob ich mich politisch in dem sozialistischen Land bewähren würde.

An einem Sommertag im Jahr 1954, ich war gerade achtzehn geworden, verließ ich die thüringische Kleinstadt, um in West-Berlin ,mein Glück zu suchen', d.h. in der Max Reinhardt-Schule vorzusprechen, in der Hoffnung, dort angenommen zu werden.

Nach einer langen nächtlichen Reise in einem Zug, dessen Fenster zum Teil noch mit Pappen abgedichtet waren, kam ich am frühen Morgen in Berlin am Ostbahnhof an.

Es roch nach Ruß, Urin und Fremde. Ich fuhr zum Bahnhof Zoo, um mich von dort aus zu der Schauspielschule im Grunewald durchzufragen.

Ich hatte Glück: Man würde mich nehmen – aber erst im April des folgenden Jahres. Bis dahin sollte ich Westgeld verdienen, um mein Leben im Westen finanzieren zu können. Mein Vater hatte mir 150 Ostmark mit auf den Weg gegeben, beim damaligen Wechselkurs 1 : 6 waren das 25 Mark Westgeld. Die sollten reichen, bis ich im Saarland war, denn man hatte mir Hoffnung gemacht, dort in einer Fabrik von Villeroy und Boch in Mettlach Arbeit zu finden.

Ich wollte per Anhalter dahin fahren, aber für meinen sofortigen Aufbruch war es an diesem Tag schon zu spät. Ich kannte niemanden in der Stadt. Wo würde ich schlafen können?

Ich fragte einen Polizisten, er überlegte und nannte mir die Bahnhofsmission am Zoo.

Um nichts von dem kostbaren Westgeld auszugeben, lief ich vom Grunewald zum Zoo zurück und fragte, klopfenden Herzens, ob ich dort schlafen dürfte. Man nahm mich freundlich auf, eine Frau teilte einen Apfel mit mir. Ich erinnere mich wie heute, wie glücklich, wie dankbar

und hoffnungsvoll ich in das rot-karierte Bett sank.
Wenn man achtzig wird, steigen längst versunkene Bilder aus der Erinnerung hoch und ich erinnere mich dankbar der Menschen, die mir einmal geholfen haben. Deshalb wünsche ich mir von meinen Freunden keine Geschenke, sondern eine kleine Spende für die Bahnhofsmission – und die möchte ich Ihnen gerne bringen. Es ist wirklich eine kleine Spende – und meine Rente erlaubt mir nur eine kleine Aufstockung, aber sie ist verbunden mit einem warmen Gefühl der Dankbarkeit – und mit großer Hochachtung für Ihre Arbeit.
In den nächsten Tagen rufe ich an, um eine Verabredung mit Ihnen zu treffen.
Bis dahin – alles Gute, K.A.

    👍 Gefällt mir   💬 Kommentieren   ↪ Teilen

„Nach einem solchen Besuch schaue ich mir am nächsten Tag selbstverständlich an, wie die Medien darüber berichten." Dieter Puhl mit Frank-Walter Steinmeier am 27. Juli 2016 bei einer Pressekonferenz in der Bahnhofsmission.

Königin vom Bahnhof Zoo

Fangen wir mit der „Queen vom Bahnhof Zoo" an. Das war sie nämlich. „Molly" wäre zu kurz und zu knapp. Mit allem Respekt – Molly ist verstorben: Molly war eine charmante „Hackfresse". Sie war spröde, sie war heftig, sie war punkig. Sie konnte unbequem sein, und sie hatte ein loses Mundwerk. Sehr viele Menschen in der Bahnhofsmission mochten und liebten sie. Ich auch. Ich glaube, Molly war Ende vierzig, Anfang fünfzig. Ich begegnete ihr das erste Mal draußen: Rollator, ihr Urinkatheter hing an der Seite heraus, wettergegerbtes Gesicht, strubbelige Haare, raue Stimme, spröde. Molly trank jeden Tag tatsächlich im Bereich von vier bis fünf Promille. Sie war schwer alkoholerkrankt.

Ich erzähle jetzt die Geschichte, die sie vielen Journalisten erzählt hat und die auch mehrfach so abgedruckt wurde. Als Molly sieben war, saß sie mit ihrem Vater in der Küche. Ihr Vater trank ein Hefeweizen. Sie steckte den Finger ins Glas, schleckte ab und sagte: „Oh, Papa, lecker", woraufhin ihr Vater sie auf ihr erstes Bier einlud – mit sieben Jahren. Mit acht saß sie regelmäßig mit ihrem Vater trinkend in der Küche, mit dreizehn wurde sie Straßenkind und war schon halb alkoholabhängig. Wenn Molly das vor Kameras erzählt hat, fing halb Deutschland an zu weinen. Eine grauenhafte Geschichte, dass ein Vater so missbräuchlich gegenüber seinem Kind ist und so wenig Schutz gibt. Molly kam irgendwie wieder auf die Beine, machte auf dem zweiten Bildungsweg ihr Abitur, fing an, Medizin zu studieren. Sie fing dann wieder an zu saufen, wurde trotz ihres Alkoholproblems Busfahrerin im Fernreiseverkehr und konnte tolle Geschichten aus Prag, Rom und ganz Europa erzählen.

Dann ist sie abgerutscht. Wir haben uns mit dem Projekt der Mobilen Einzelfallhilfe wie die Irren Mühe gegeben, weil wir Angst hatten, sie könnte sterben. Wir haben *straight* mit ihr gearbeitet, wir haben liebevoll mit ihr gearbeitet. Ich glaube, dass kein Mensch in der Bahnhofsmission so viel Zeit und Aufmerksamkeit zur Verfügung gestellt bekommen hat. Das waren ein paar hundert Stunden. Wir hatten ein paar Wohnungen für Molly. Jedes Mal brachte sie uns nach einer Woche den Schlüssel zurück und sagte: „Das wird nichts mit der Einzimmerwohnung im Wedding." Cut.

Plötzlich bekamen wir die Nachricht, Molly sei verstorben. Am S-Bahnhof Olympiastadion lag sie eines Morgens um 6 Uhr tot auf einer Bank. Alle waren massiv betroffen. Alle waren ziemlich fertig mit der Welt. Du stellst dir auch die Schuldfrage: Hätte man mehr machen können? Wäre mehr möglich gewesen? Nachher landest du aber auch bei pragmatischen Dingen. Wer beerdigt sie? Familienmitglieder konnten nicht ermittelt werden. Aus Verbundenheit also haben wir Molly beerdigt. Das habe ich wirklich nett in Erinnerung. Die BVG sponserte einen Bus, und wir sind mit 70 versehrten Menschen nach Tempelhof zum Friedhof gefahren. Die konnten alle nicht laufen.

Für Molly hängt – das kam später – auch ein Bändchen an unserem Baum vor der Tür, weil ich mir die ganzen Friedhöfe nicht mehr merken kann. Ich weiß, dass etliche Journalisten aus tiefster Verbundenheit, ohne zu berichten, sondern um Abschied zu nehmen, mit am Grab standen. Das hat mir gut gefallen. Ich weiß, dass das – das hört sich komisch an – eine wunderschöne Beerdigung war und dass wir hier einen netten Leichenschmaus hatten, eine nette Andacht. Ich weiß auch noch, dass in der Kirche ein alter Elton-John-Song in der Fassung von Sinéad O'Connor gespielt wurde: „Sacrifice". Wenn man den auf einer Beerdigung hört, heult man wie ein Schlosshund, was auch schön ist. Beerdigung, Cut.

Zwei Wochen später geht die Tür auf, und Mollys achtzigjähriger Vater steht mit seiner Ehefrau und Mollys Bruder in der Tür. Ich dachte: „Oh Scheiße, ich will mit diesem Täter, mit diesem Mann, mit diesem Vater kein Gespräch führen."

Die Kehrseite der Medaille

Jetzt kommt die zweite Geschichte. Das ist die, die er erzählt hat und die auch näher an der Wahrheit lag. Oder die Wahrheit ist, denke ich. Mollys Vater betrauerte nicht den Tod seiner Tochter Molly, sondern den Tod seines Sohnes Horst. Der ist im Ostharz groß geworden, saß nie mit dem Vater biertrinkend in der Küche und hat mit achtzehn Jahren sein Heimatdorf verlassen. Vater und Mutter wussten nicht, dass ihr Sohn Horst Jahre später eine Geschlechtsumwandlung hatte und zu Molly wurde. Für uns war das sehr überraschend: Unsere Queen vom Bahnhof Zoo war Horst mit einer Schlosserlehre. Dann den Vater zu trösten, der für mich zunächst ein Feindbild war, war ein breites Spektrum an Arbeit. Es war kein Feindbild. Ich erzähle diese Geschichte durchaus gerne exemplarisch, um aufzuzeigen, wie fremd uns obdachlose Menschen bleiben. Das ist für mich auch eine Geschichte mit Symbolcharakter.

Wie lange dauert es, bis wir das Vertrauen eines Menschen kriegen? Wer ist eigentlich bereit, sich in seine Seele schauen zu lassen – von einem Sozialarbeiter, von einem Journalisten nach fünf Minuten? Wer erzählt eigentlich die Wahrheit, und wie lange brauche ich, wenn ich meine kleine Leiche im Keller habe, um die einem Freund nach vielleicht zehn Jahren Anlauf mitzuteilen? Ich bekam später noch über Facebook eine Nachricht einer Schulfreundin von Horst, die sich bei uns bedankte. Das war für mich skurril. Da hat uns dann jemand getröstet, was ich auch ganz angenehm fand. Sie sagte: „Ihr konntet es nicht schaffen, Molly eine Wohnung zu vermitteln. Jedes Mal, wenn Molly in einer Einzimmerwohnung saß, saß sie dort alleine mit Horst, während sie bei euch die Queen vom Bahnhof Zoo war." Die Freundin aus Jugendtagen hat sich bei uns für den Umstand bedankt, dass wir Molly einen Platz im Leben gegeben haben und dass sie hier die Queen sein konnte.

Das ist eine sehr pralle Geschichte. Ihr Foto hängt im Flur, ihr Bändchen hängt am Abschiedsbaum vor der Tür. Molly ist immer wieder mal Thema.

Dieter Puhl
18. Oktober · 14.35 Uhr · 🐾

Lieber Joe, „in einem anderen Leben oder so" wünsche ich Dir mehr Glück, mehr Freude, mehr Ankommen, Liebe und Gemeinschaft. Richtig traurig und tragisch bei Dir war, immer wenn Du Liebe begegnet bist, konntest Du das nicht richtig glauben, wie auch, bei wohl allen Nackenschlägen zuvor. So ziemlich alles, was schieflaufen konnte, lief schief, zu viel für ein Menschenkind, das hätte gereicht, um fünf zu brechen. Unbequem warst Du, oft auch rau und ruppig und oft auch ein echter Blödmann, Eindruck hast Du dennoch hinterlassen und hattest durchaus die Gabe, die Herzen anderer zu öffnen. (Meines weniger, ich bleibe da lieber ehrlich.) Viele hier in Berlin versuchten, Dir zu helfen, nicht nur vor und in der Bahnhofsmission. Und vielen, ja, da gab es ein paar Frauenherzen, warst Du nah, für kurze Momente, hoffen sie zumindest. Spuren hast Du hinterlassen und Deine Beerdigung war ganz anständig, das hat nicht jeder hier in Berlin. Der Abschiedsbaum für verstorbene obdachlose Menschen wurde vor der Bahnhofsmission Berlin Zoologischer Garten gepflanzt, um den lebenden Obdachlosen im Sommer Schatten zu spenden, Menschen wie Dir, die dort vorher komatös in der Sonne lagen.
Da weht jetzt Dein Bändchen in einer Leichtigkeit nach der es Dich sehnte, neben Molly, Klaus und anderen. Alles Punks. Passt. Und man kann davor gut zwei Dinge gleichzeitig tun: rauchen und beten. So hast Du doch noch Deinen Platz gefunden.

👍 Gefällt mir   💬 Kommentieren   ↪ Teilen

„Ganz vieles hier hat etwas mit *spirit* zu tun." Dieter Puhl bei der Essenszubereitung mit Mitarbeiterinnen der Bahnhofsmission Zoo, Januar 2014.

Immer am Ball

Es gibt den Klassiker hier: Du hast deine Ausweispapiere verloren. Das ist in ein bis zwei Tagen und Nächten erledigt. Aber in der Zwischenzeit kannst du hier schlafen, du bekommst etwas zu essen, du bist beschützt. Du kannst dich duschen, du kannst telefonieren. Dafür sind die Menschen sehr dankbar.

Andere sind zwei, drei Jahre unterwegs: eine englische Familie beispielsweise mit drei Kindern, die aus Warschau kommt und zwei Jahre durch Europa reist und weiterwill. Du kannst ihnen dabei behilflich sein, Bahntickets zu organisieren. Du kannst dich aber auch fragen: Ist es eigentlich vernünftig, dass eine Familie mit zwei Kindern zwei Jahre reist? Was ist mit der Schule? Was machen sie überhaupt? Haben die Alten möglicherweise einen kleinen Knall, und die Kinder leiden darunter? Welche Hilfen möchtest du ihnen anbieten?

Eine andere Geschichte: Es klingelte, und die Bahnsicherheit brachte uns eine vierundachtzigjährige Dame vorbei, Margarete. Margarete saß im Rollstuhl und fiel nach drei Tagen und Nächten jemandem auf, der sie zu uns schob. Margarete war Tage zuvor in Stuttgart abgehauen, weil ihr Lebensgefährte nicht mehr respektvoll zu ihr war. Das war das, was sie sagte. 1948 war sie mal in Berlin gewesen, und Berlin gefiel ihr gut. Nur Berlin war nicht mehr wie 1948. Sie kannte hier niemanden, war hilflos. Sie griff in ihre Tasche und zeigte uns einen Entlassungsbrief einer Klinik in Charlottenburg. Zwischendurch hatte sie da mal jemand hingebracht. Die Ärzte hatten eine mittelschwere Demenzerkrankung festgestellt, haben sich aber nicht adäquat um Margarete gekümmert, sondern gesagt: „Jetzt haben Sie Ihre Diagnose, und jetzt entlassen wir Sie."

Das ist exemplarisch, dass sich einfach niemand kümmert. Wie genau schaust du hin? Bleibst du am Ball? Noch mal Margarete: Du gibst ihr zuerst etwas zu essen, bietest ihr einen Tee oder einen Kaffee an. Dann sollte man ihren Lebensgefährten anrufen, der sich Sorgen macht: „Deine Partnerin, deine Freundin ist hier wohlbehalten." Es war fast satirisch, wie wir eine telefonische Paarberatung gemacht haben. „Möchtest du Margarete zurückhaben?" – „Ja, gerne." Und sie: „Nein. Ich aber nicht." Ein engagierter Kollege hat Margarete am nächsten Tag nach Stuttgart gefahren. Die hohe Hürde damals war, dass der Sprinter nach Stuttgart 272 Euro kostete und wir nicht das Geld für das Ticket meines Kollegen hatten – die Einrichtung war ja pleite. Aber eine demenzerkrankte Frau ohne Begleitung in einen Zug zu setzen, ist eine Frage von schlechtem Stil. Irgendwie haben wir das hinbekommen, und der Kollege fuhr mit ihr nach Stuttgart. Er ist sehr kompetent, hatte Zeit, sich mit ihr zu unterhalten, und stellte fest: Der Lebensgefährte saß auch im Rollstuhl. Die beiden wohnten im dritten Stock eines Hauses ohne Fahrstuhl. Beide krochen morgens und abends vor lauter Scham im Dunkeln die Treppen hinauf und herunter. Beide waren arm. Der Mann hatte Anspruch auf eine Vertriebenenrente – wenn jemand diesen Antrag gestellt hätte.

Manchmal hat so eine Bahnhofsmission ja einen etwas piefigen Touch. Aber diese Geschichte ist ein schönes Beispiel für eine sehr trendige, hochprofessionelle Sozialarbeit. Noch im Zug kontaktierte der Kollege die Bahnhofsmission Stuttgart, den Partner, der Margarete abgeholt hat, Vertreter der Kommune, des sozialpsychiatrischen Dienstes, um eine vernünftige Übergabe zu machen und um sicherzustellen, dass in Stuttgart mit den Menschen gearbeitet wird. Dort aß er am Bahnhof nach getaner Arbeit noch eine Brezel, setzte sich in den nächsten Zug und fuhr nach Berlin zurück.

Das sind dann die Momente, wenn ich am Abend rausgehe, mich ins Café setze und sage: „Jetzt trinke ich einen Feierabendtee und freue mich daran, in einem so tollen Netzwerk zu arbeiten." Hey, diese Geschichte habe ich nicht umgesetzt. Aber Personalauswahl, Coaching und so – immerhin wird der Kollege über Spenden getragen –

sind ja auch nicht ganz unwichtig. Staffelübergabe: Findest du jemanden, der Biss hat, Durchsetzungsfähigkeit und auch bereit ist, an Grenzen zu gehen?

Hingucken und nachspüren

Eines Abends stand eine amerikanische Soldatin, die früher in Nürnberg gedient hatte, mit drei Kindern, sechs Hunden, drei Katzen und vielen verschnürten Pappkartons vor der Tür. Sie hatten kein Geld, waren nicht angemeldet und wollten nach Hamburg. Eine hübsche Herausforderung: Mit wem hast du es zu tun? „Ja, kommen Sie herein." Auf Hunde und Katzen waren wir nicht eingerichtet, haben wir geregelt bekommen. Die Mutter litt an einer Glutenunverträglichkeit und konnte unser eigentlich ganz leckeres Essen nicht genießen. Zu der Zeit hatten wir schon ein bisschen mehr Geld. Also ging jemand los, Hunde- und Katzenfutter und für die Mama vernünftige Lebensmittel zu kaufen.

Diese Familie wohnte sechs Wochen bei uns. Wir haben im hinteren Teil unserer Einrichtung für reisende Menschen drei Schlafkabinen, mit neun Plätzen. Die drei Kinder waren so um die zwanzig: zweiundzwanzig, zwanzig, siebzehn. Die Mutter hatte sie alle unter den Arm genommen und fuhr mit der „Queen Mary", was ungemein teuer war – wenn sie geflogen wären, hätten sie Geld gehabt –, um dann mittellos in Berlin aufzuschlagen. Der älteste Sohn hatte bald keinen Bock mehr auf Deutschland, die zweite Tochter wollte Cheerleaderin werden, dann zu

Alba Berlin. Die Siebzehnjährige sprach nicht mit uns; es gab einen Vater, der nicht gut zu ihr gewesen war. Die Mutter hatte gute Gründe, Amerika fluchtartig zu verlassen. Sie hatten alle tierisches Heimweh. Einfacher wäre es gewesen zu sagen: „Ach, Sie möchten nach Hamburg? Das bekommen wir irgendwie hin. Hier haben Sie das Fahrgeld." Dann wären sie weg. Manchmal ist das auch richtig. Aber viele kommen gar nicht an und dann bist du dabei, eine Wohnung zu besorgen. Nur: Das dauert.

Ich weiß noch, wie lange ich überlegt habe, als die Mutter in Spandau für eine Wohnung 1200 Euro Kaution zu bezahlen hatte. Es war mir zu heiß, das Geld aus der Kasse der Bahnhofsmission zu nehmen; also streckte ich es ihr vor. Dann kam und kam sie nicht wieder, und ich dachte: Oh, Dieter, jetzt hast du Lehrgeld bezahlt. Wäre auch nicht schlimm gewesen, das hätte ich verkraften können. Hätte mir aber gestunken. So dicke habe ich es auch nicht. Wie sehr ich mich darüber freute, als sie dann nur verspätet kam und mir mein Geld wieder auf den Tisch legte. Ich sage noch einmal: hingucken, nachspüren, sich auf Geschichten einlassen, sich festbeißen. Und ja, das hat etwas mit Arbeit zu tun, mit Dienst leisten.

Es gibt viele exemplarische Geschichten, die immer auch was mit Geld zu tun haben: Die junge Rumänin, die nach Brüssel möchte, neunzehn Jahre alt, mit einem drei Monate alten Säugling, und die in Brüssel gut versorgt wird, wird in Berlin bis zu drei Monate von einer Einrichtung in die andere geschickt, weil keiner die 21 Euro für ihr Busticket in die Hand nimmt. Keiner hat es. Überall müssen Anträge gestellt werden, jeder achtet darauf:

Wirst du fremdfinanziert? „Gehen Sie mal dahin, gehen Sie mal dorthin." Wir sind auch misstrauisch. Wir fragen nach, selbst bei 21 Euro. Ihr dann aber das Ticket zu kaufen, sie bis zum Bus zu begleiten und sie da hineinzusetzen, erspart drei Monate Odyssee. Es gibt nur eine Voraussetzung: Du musst die 21 Euro haben.

Solidarität mit armen Socken

Vor acht Jahren – harter Winter, minus 20 Grad, Schnee 20 Zentimeter hoch – kam ein junger, großgewachsener Mensch zu uns. Benny. Er hatte Handtücher um die Füße gewickelt, die mit Gummibändern festgeschnürt waren. Er schaute mich an und sagte: „Dieter, kannst du mir helfen? Ich brauche große Schuhe." Ich war am Abend nett verabredet, sollte gut essen gehen. Habe mich auf mein Vitello tonnato gefreut, auf meinen trockenen Riesling. Wenn er „Herr Puhl" gesagt hätte, hätte ich ihn abperlen lassen, aber diese persönliche Ansprache „Dieter" ließ mich aufhorchen. Wir haben eine Kleiderkammer, die gut sortiert ist. Aber in keiner Kleiderkammer gibt es Schuhe in Größe 53. Wir waren damals noch immer pleite. Ich habe mich ans Telefon gesetzt und alibimäßig vier, fünf Kleiderkammern angerufen. Teilweise kenne ich die Kollegen. Sie sagten: „Hast du einen Knall? Wir haben doch keine Schuhe in Größe 53." Dann habe ich meine Schreibtischschublade geöffnet. Da war ein Schild drin. Auf dem Zettel stand: minus 100.000 Euro. Dann habe ich die Schublade wieder geschlossen. Wenn es um mein eigenes Geld geht, bin ich geizig. Ich habe noch lange überlegt, schließlich 100 Euro aus meinem Portemonnaie geholt und eine Praktikantin gebeten, mit dem jungen Mann ins Europacenter zu gehen und in einem Spezialladen Schuhe in Übergröße zu kaufen. „Versuche mal, für 60, 70 Euro ein Paar Schuhe zu bekommen." 30, 40 Euro wollte ich zurückhaben. Nach einer Stunde kamen sie, er hatte neue Schuhe, die Praktikantin gab mir eine Quittung und 10 Cent und sagte: „Der Besitzer ist heruntergegangen mit dem Preis von 129,90 auf 99,90 Euro." Ich dachte: Shit, mein schönes Geld ist flöten gegangen. Aber freute mich dann doch, weil die Praktikantin so strahlte und weil es Benny einfach besser ging.

Eine halbe Stunde später klopfte es an meiner Zimmertür, und eine Dame weit über achtzig kam herein. Sie hatte immer wieder Socken für uns gestrickt. Ihr erzählte ich die Geschichte mit Benny. Ein paar weitere Jahre, bis sie starb, strickte sie von da an auch große Socken für uns. Ein Paar davon habe ich mir aufgehoben, als Erinnerung. Wenn ich die zeige, begreifen die Menschen eher, um was es hier geht.

Eine weitere halbe Stunde später klopfte es erneut, und ein mir unbekannter, hübscher, gepiercter, tätowierter junger Mann tänzelte herein: „Dieter, ich habe einen Massagesalon." Ich dachte: *darkroom,* die Lokalität möchte ich gar nicht kennenlernen. „Ich habe meine Trinkgelder für euch gesammelt." Er griff in seine Jackentasche und gab mir einen Briefumschlag mit 160 Euro: „Für eine arme Socke, die in Not geraten ist." An dem Punkt bin ich zusammengesackt. Kurz vorher hatte ich über die Sache mit Benny begriffen: Du musst Geld verdienen, um Geld

ausgeben zu können. Du darfst nicht eine Schublade aufmachen, in der minus 100.000 Euro steht. Damit machst du
dich handlungsunfähig. Ich hatte aber auch gemerkt, dass
ich als Diakon den Menschen viel von Gottes Liebe erzähle und sie manchmal ein bisschen anschwindele, weil ich
sie selbst nur sehr begrenzt lebe. Vor acht Jahren bin ich
mit sehr verschränkten Armen durch die Gegend gegangen und habe den Menschen immer gesagt: „Gottes Liebe
ist so weit." Nur war ich selbst an dem Punkt nicht. In dem
Moment dachte ich: Dieter, du hast einen guten Platz in der
Bahnhofsmission gefunden. Da kannst du selbst noch ein
bisschen besser lernen, was es mit Gottes Liebe auf sich
hat: Je radikaler wir helfen, je radikaler wir uns immer
wieder an die Null bringen, sogar manchmal fast mutig
darüber hinausgehen, desto radikaler wird uns geholfen.

„Verantwortung hat mit Herzensbildung und Herzenswärme zu tun."

Die älteren Damen mit den Socken und die jungen schwulen Masseure rennen uns dann die Tür ein. Wir müssen nur selbst daran glauben!

Klar habe ich später einen Aufruf mit der „BZ" gemacht. Klar haben wir einen Aufruf mit der „Abendschau" gemacht, weil ich mir die Frage gestellt habe: Ist Benny der einzige Mensch mit Schuhgröße zwischen 50 und 55? Die Berliner sind klasse, wir hatten drei Tage später 150 Paar Schuhe in der Größe, sodass ich dachte: O je, was machst du jetzt mit den ganzen Schuhen? Aber das Schöne ist, die Armen schauen auch Abendschau und lesen auch die BZ. Zwei, drei Tage später waren die Schuhe weg. Seitdem versuchen wir, einmal im Jahr Winterschuhe zu bekommen. Und einmal im Jahr Turnschuhe. Denn im Mai, Juni ist es doof, wenn du mit Gummistiefeln durch die Gegend läufst und es draußen 36 Grad sind. Es ist schön, wenn uns Menschen helfen. Und es ist schön, wenn wir große Schuhe bekommen. So haben wir alle Sportclubs angeschrieben, alle Basketballvereine und dabei viel kennengelernt, den Club für große Menschen oder spezielle Tanzveranstaltungen. Aber selbstverständlich werde ich nie eine Kleiderkammer haben, in der alle Schuhgrößen vorhanden sind, wir haben nicht den Platz dafür. Aber das Gute jetzt ist: Wenn heute jemand mit der Schuhgröße 53 hereinkommt, mache ich die Schublade auf, und da sind nicht mehr minus 100.000 Euro in der Kasse.

Dieter Puhl
29. Dezember · 21:23 Uhr · 👤

Jürgen – weil er nicht lesen und schreiben konnte.

Klaus – weil sein Vater ihn schlug. Jeden Tag. Hart.

Pelle – weil er Messie ist. Eine Wohnung hat. Die ist voll.

Klara – weil sie lieber Frau sein wollte.

Thomas – weil er lernbehindert ist. Nie gefördert wurde.

Maxi – weil Vater, Opa und Brüder ihr zu nahe kamen.

Margarete – weil der Alkohol von Tag zu Tag mehr wurde.

Sam – weil er als Fremdenlegionär nachts tote
Kinder hörte.

Grete – weil ihre Tochter sie abhört.

Bodo – weil er an Demenz leidet.

Jannek – weil es in Polen keine vernünftige Hilfen gab.

Gregor – weil Psychiatrien in Rumänien finster sind.

Judo – weil sein Vater zu früh starb.

Gerd – weil Botenstoffe fehlen.

Joe – weil alles in der Kindheit finster war.

Ben – weil die Scheidung ihm das Herz brach.

Jutta – weil sie schon immer zwischen allen Stühlen saß.

Robert – weil die Stimmen mit 4 Promille leiser werden.

Thomas – weil er BBC im Ohr hat.

Martin – weil die Kraftlosigkeit von Jahr zu Jahr
breiter wurde.

Putin – weil die Schädelverletzung nie richtig heilte.

Moritz – weil er nie allein sein konnte.

Bibo – weil seine Mutter ihm zu nah war.

Tarek – weil er in Moskau nicht erfrieren wollte.

Reinhold – weil er in Warschau nicht erfrieren wollte.

Pam – weil sie in Bulgarien keine Arbeit findet.

Christian – weil das Leben wohl nie gut zu ihm war.

Piero – weil das Heim keine Chancen bot.

Max – weil die Gewaltfantasien unerträglich wurden.

Pia – weil ihre Eltern es nicht besser konnten.

Pal – weil er mit sieben schon im Stall lebte.

Hansi – weil er bereits mit dreizehn alkoholabhängig war.

Gunther – weil er eigentlich Männer liebt. Sich aber nicht traut.

Boris – weil er 5 Väter hat. Brachte ihn durcheinander.

Nora – weil sie wohl vom Wickeltisch gefallen ist.

Knut – weil sein Vater ihn schüttelte und schüttelte und schüttelte.

Bernd – weil die Fähigkeit des Gestaltens abhandenkam.

Norbert – weil diese nie vorhanden war.

👍 Gefällt mir   💬 Kommentieren   ↗ Teilen

Ein dünnhäutiger Kumpel

Aktuell liegt uns Johnny, ein Berliner, sehr auf der Seele, der bei den Mobilen Einzelfallhelfern betreut wird – ein fairer Mensch, den wir, glaube ich, alle mögen. Das ist ja das Schlimme, wenn du die Leute wirklich auch noch richtig gern hast. „Halten Sie Abstand!", leichter gesagt als getan. Da musst du nicht lange Sozialarbeiter sein, um zu sehen, dass er schwerstdepressiv ist, bis hin zur Antriebsarmut. Er ist unheimlich fair, ein Kumpeltyp gegenüber Leuten, der sehr dünnhäutig darunter leidet. Ich glaube, er hat eine ganz feine Seele. Er kann sich wirklich darüber entsetzen, wie roh und rau der Umgangston auf der Straße manchmal ist. Das überrascht ihn immer wieder, und es überrascht mich, dass es ihn immer wieder überrascht.

Ich weiß, dass er mehrere Selbstmordversuche hinter sich hat – keine mit Signalwirkung. Einen der letzten

Selbstmordversuche hat er gemacht, indem er sich vor die S-Bahn geworfen hat. Danach wurde er anderthalb Jahre zusammengeflickt, und das auch gut. Ich weiß, dass meine Kollegin letzte Woche den ganzen Tag mit ihm arbeitete und er an dem Tag sehr gezeichnet und sehr depressiv war. Eigentlich ging es darum, ob man ihn noch allein lassen kann. Wir hatten ihn den ganzen Tag und den frühen Abend in der Bahnhofsmission. Meine Kollegin war schon weg. Ich wollte mich am Abend von den anderen Kollegen verabschieden, dann auch von Johnny und sagte: „Bis morgen", und er meinte: „Nee." Da sagte ich: „Wieso nee?", und fragte ihn, ob er mir signalisieren möchte, dass er sich umbringen möchte. Er sagte: „Ja." Ich sagte: „Du machst mit mir keine Faxen. Wenn du dich umbringen willst, rufe ich jetzt den Krisendienst an und werde als Prophylaxe dafür sorgen, dass du eingewiesen wirst. Du hast zwei Möglichkeiten. Die eine Möglichkeit ist, dass du freiwillig mitgehst. Die andere Möglichkeit ist" – das ist dann die ganz große Welle –, „dass du auch gegen deinen Willen da reingenommen wirst."

Nicht alles wird heil, aber es wird einiges gut

Ich bin froh, dass Johnny klare Ansagen macht, Klartext spricht. Ich muss nicht sein Freund sein, aber wir müssen hier Dinge zugunsten von Menschen regeln. Ich glaube, manchmal haben Menschen Sehnsucht danach, dass ihnen eine Entscheidung abgenommen wird. Ich glaube, sie wollen gar nicht so viel reden. Wir sagten, wir rufen jetzt an, und das ist jetzt eben so. Er war damit einverstanden. Er ist in der Bodelschwingh-Klinik. Wir sind sofort am nächsten Tag hin. Wir heißt übrigens nicht „ich", sondern das ist dann ein Stück weit organisiert. Wir betreuen ihn dort und versuchen, eine vernünftige Nachsorge zu erarbeiten. Er sitzt in der Klinik auch gerade zwangsläufig an einem Alkoholentzug. Die Klinik wäre in der Lage, ihm gute therapeutische Hilfen zur Verfügung zu stellen, und wir versuchen, einen Schwachsinn zu verhindern: Es kann natürlich nicht sein, dass er hochgradige, gute Hilfe erhält, dass die sogar etwas fruchtet und er dann nach drei Wochen wieder auf die Straße in die Bahnhofsmission Zoo entlassen wird. Jetzt geht es darum, eine schöne Brücke für ihn zu bauen, zusammen mit der Klinik dafür zu sorgen, dass er sofort im Anschluss einen Platz im Betreuten Wohnen erhält. Auch wir würden noch weiter mit ihm arbeiten. Wir versuchen, die Prozesse und so einen Weg wirklich bis zum Ende zu begleiten, damit es nicht ständig so viele Wechsel gibt. Menschen wollen nicht alle fünf Minuten mit anderen Menschen zu tun zu haben. Depressionen sind heilbar, du musst nur aus dem Knick kommen. Du musst schon zum Arzt gehen. Dann ist eine Menge zu verändern und zu bewirken. Vielleicht wird nicht alles heil, aber es wird einiges gut.

Nach einiger Zeit kommt der Anruf: Johnny ist an Krebs erkrankt, hat vermutlich nur noch wenige Wochen zu leben. Kurskorrektur für alle: Wir versuchen, ihm weiter zur Seite zu stehen. Schwer für meine Kollegen.

Drahtseilakt in der City

Wenn ich richtig informiert bin, haben wir heute 105 Bahnhofsmissionen in Deutschland. Drei in Berlin, Ostbahnhof, Hauptbahnhof, Zoo. Es gibt nur sehr wenige Bahnhofsmissionen, ich glaube, vier, fünf, die überhaupt 24 Stunden geöffnet haben. Bahnhofsmissionen dürfen ein sehr eigenes Profil haben, sie werden durch eine ökumenische Bundesgeschäftsstelle in Berlin koordiniert. 50 Prozent sind in katholischer Trägerschaft. Das ist oft die Caritas. 50 Prozent sind in protestantischer Trägerschaft, das sind oft diakonische Werke. Hier in Berlin ist es die Berliner Stadtmission, mein Arbeitgeber. Uns eint: Wir sind an Bahnhöfen. Eine Bahnhofsmission kannst du nicht in der Einkaufsstraße eröffnen. Und du hast etwas mit bahnreisenden Menschen zu tun. Wer bringt den blinden Herrn Meier von Bahnsteig A zu Bahnsteig B? Das ist auch für uns am Zoo noch immer ein Klassiker. Wo kann sich jemand aufhalten? Wohin geht die alleinerziehende Mutter mit drei Kindern, wenn sie drei Stunden im Bahnhof Aufenthalt hat und nicht das Geld, um in der VIP-Lounge einen Kaffee nach dem anderen für drei Euro zu trinken? Wo kannst du dein Kind wickeln? Woher bekommst du eine Beratung? Wer geht auf Bahnhöfen entlang und schaut, wie es den Menschen geht, und sagt, wenn da jemand zusammengesunken sitzt: „Geht es Ihnen noch gut?" Das sind Angebote für Bürgerinnen und Bürger.

„Heute noch frei – und morgen wieder in dem *irren Laden.*"

 Dieter Puhl
12. Oktober · 20:30 Uhr · 🛫

Das war ein schönes Fest zugunsten der Bahnhofsmission
Berlin Zoologischer Garten eben in Spandau auf der Insel
Eiswerder, von vielen stark vorbereitet und es ist noch
schwer was los. Viele Freunde getroffen, etliche neue
kamen dazu. Danke! War dann etwas müde und bin
früher abgehauen und auf dem Rückweg traf ich Max,
knapp unter siebzig, kenne ihn ewig, obdachlos seit über
zehn Jahren, recht verwirrt, er sitzt nach Oberschenkel-
amputation im Rollstuhl. Ihn auf Eiswerder zu treffen,
wunderte mich stark, die Insel ist von der Verkehrsanbin-
dung schwierig zu erreichen, abgelegen, am Ende bleibt
ein längerer, mühseliger Fußweg. Eigentlich nächtigt er
überwiegend im Tiergarten. „Da geht gar nichts mehr, wo
soll ich hin? Ich suche mir eine neue Platte. Den

Schlafsack habe ich übrigens von euch, danke." Max allein im Rollstuhl „jotwede" auf Eiswerder. Schlecht.

🖒 Gefällt mir   💬 Kommentieren   ↗ Teilen

Kommen wir miteinander klar?

Die Jebensstraße, in der unsere Einrichtung liegt, auf der Rückseite des Bahnhofs Zoo, ist ein Biotop. Hier wächst etwas zusammen, was nicht immer gut miteinander funktionierte. Man muss darauf Acht geben, wenn man an der vorderen Stelle einen Input setzt, welche Welle an der hinteren Stelle rauskommt. Wie kommen wir mit dem Museum für Fotografie oder der Helmut-Newton-Stiftung klar? Wie kommen wir mit der evangelischen Journalistenschule klar? Vorn zur Hardenbergstraße hin ist das Oberverwaltungsgericht angesiedelt, eines der repräsentativsten Gerichte Deutschlands. Und unsere Gäste urinieren gegen deren Wand! Man muss schauen, wie man da die Balance hält. Ob man friedlich miteinander umgeht oder respektvoll. Das geht nur mit Netzwerkarbeit, da musst du schon ein paar Stunden investieren. Irre, bei aller Ambivalenz: Fast alle unterstützen uns!

Wir sind hier in der reichen City West. Als ich hier anfing, sagten mir viele Menschen: „Dieter, das geht nicht gut. Die City West boomt. Es wird gebaut." Damals sollte noch das Riesenrad gebaut werden. „Es geht hier um Immobilieninteressen von Millionen." Hinten das Gelände an der Technischen Universität beispielsweise ist ja nicht irgendein Gelände. Ich bin Immobilienmaklern begegnet, die mir 1000 Euro in die Hand gaben und sich freundlich wertschätzend zu unserer Arbeit äußerten, aber sagten: „Halten Sie bitte immer 1000 Meter Sicherheitsabstand zu uns." Wie kommen wir miteinander klar? Finden in diesem Gefüge Obdachlose einen Platz? Und finden sie ihren Platz auch noch, wenn ihre Anzahl immer größer wird?

Das war ja damals leicht, als es in Berlin 1000 obdachlose Menschen gab. Und diese 1000 Menschen auch noch schön verteilt waren. Eine ähnliche Diskussion wie die mit dem Huhn und dem Ei wird geführt: Ziehst du mit der Bahnhofsmission, einer der größten Obdachloseneinrichtungen, die Klienten an? Ist man für das gesellschaftliche Elend im Innenstadtbereich also mitverantwortlich oder linderst du es? Wenn man für drei Minuten die Bahnhofsmission im Kopf schließt und überlegt, was dann wäre, wenn obdachlose Menschen nicht gut versorgt wären? Wenn sie kein Essen bekämen? Wenn sie keine Bekleidung hätten? Würden sie nur friedfertig bleiben? Ein Stückchen gesellschaftliches Glätten passiert hier ja durchaus auch.

Moderation vor Ort

Ich muss nur ins Ausland schauen: Wenn es in Moskau einen kalten Winter gibt mit minus 30 Grad und keine Infrastruktur für Obdachlose, keine Notübernachtung, keine Bahnhofsmission und auch keinen Kältebus, ist die erste Folge, dass Menschen in hoher Anzahl erfrieren. In einem massiven Winter sterben 150 obdachlose Menschen. Die, die am Leben bleiben, sagen nicht: „Ich sterbe friedlich", sondern die drängen in die bürgerlichen Bereiche. In den bürgerlichen Bereichen nehmen Familienväter den Baseballschläger und gehen abends Streife, weil sie es nicht schön finden, dass obdachlose Menschen nicht freiwillig sterben, sondern sich im Warmen aufhalten möchten. Da wollen sie übrigens niemandem etwas tun, sie möchten vielleicht nur in einem warmen Hausflur schlafen. Das passiert in Moskau und auch ein Stückchen in Warschau. Ich glaube, dass wir in der Berliner Bahnhofsmission am Zoo viel Moderation betreiben.

Einige werfen uns sogar vor: „Ihr übertüncht ja nur die Verhältnisse. Wenn es euch nicht geben würde, wäre das alles deutlicher und punkiger." Zu der Fraktion gehöre ich nicht. Aber es gibt hier Anrainer, die Wachdienste eingestellt haben. Wachdienste sind ein zusätzlicher Kostenfaktor. Wenn ein Betrieb, der darauf ausgerichtet ist, wirtschaftlich zu arbeiten, fünf Fachleute zusätzlich einstellen muss, ist das eine Ausgabe. Den Schnitt trotzdem noch zu halten und verständnisvoll miteinander umzugehen, passiert nicht zufällig, sondern erfordert viel Arbeit in Gremien und viele Einladungen. Es heißt zu sensibilisieren und Menschen mitzunehmen. Wir haben nur ein paar Möglichkeiten: Wir können informieren, freundlich sein, ein bisschen Bildung anbieten. Unsere beste Joker-Karte ist vielleicht, dass wir es oft schaffen, Menschen zur praktischen Mitarbeit zu bewegen. Wenn du einen Tag hier mitgearbeitet hast, findest du nicht alles gut. Du musst dich nicht in obdachlose Menschen verlieben. Du findest vielleicht ihr Verhalten in einigen Punkten schwierig; aber du verstehst es deutlich besser. Und du bringst Verständnis dafür auf, dass alles viel, viel einfacher und schöner wäre, wenn wir den obdachlosen Menschen deutlich konzentrierter helfen und dafür sorgen würden, dass sie gar nicht obdachlos werden.

Hundert Meter Luftlinie: ein völlig anderer Kosmos

Es wächst zunächst immer im Kleinen. Lehrlinge aus dem Hotel Waldorf Astoria – aus dem Catering, Küchenbereich und Buffet – hatten mitbekommen, dass Lebensmittel vom Frühstücksbuffet übrig blieben. Und die wollten sie nicht wegwerfen. So machten sie sich auf den Weg und brachten immer vormittags diese Waren zu uns. Das war der Anfang. Aus dem ist gegenseitige Wertschätzung erwachsen. Wir haben uns ein bisschen als System verstanden. Ich habe den Direktor drüben kennengelernt. Der Austausch allein hat schon Freude gemacht, aber das durch den RBB begleiten zu lassen, hat noch mal Freude gemacht.

Das Intro der Reportage waren zwei große Einrichtungen: Beide arbeiten international, haben Gäste aus über 80 verschiedenen Ländern und 24 Stunden geöffnet. Beide versuchen, gute Dienstleister für ihre Gäste zu sein. Wir hatten am Anfang festgestellt, dass es nur einen Unterschied gab: Bei uns ist der Kaffee umsonst, während im Waldorf Astoria eine Tasse Kaffee 3,80 Euro kostet. An dem Punkt haben wir uns getroffen und unsere Rollen getauscht. Wir konnten damit in einer wunderbaren Reportage, Ole Wessels sei Dank, viele Menschen mitnehmen, die gleichermaßen daran interessiert waren zu erfahren: Wie funktioniert dieses neue Super-Hotel und wie funktioniert die Bahnhofsmission?

Gregor, der Chef vom Waldorf Astoria, hat hier einen Tag mitgearbeitet. Seine Arbeit bei uns hatte viel mit Essen zu tun. Was kommt hinter dem Tresen an? Wie wird es verarbeitet, wie gibst du es heraus? Du musst körperlich ganz schön tragen und schleppen. Darüber war er sehr überrascht. Er hat sehr gerne in der Kleiderkammer gearbeitet, während ich drei Stationen im Waldorf Astoria hatte. Die erste mit einem netten, durchgeknallten und charismatischen Koch, der mich begrüßte und sagte: „Dieter, jetzt schneiden wir aus einem frischen Filet ein Tatar." Was dazu führte, dass ich zehn Sekunden später meine Finger blutend in die Kamera hielt. Das machte mir nur bedingt Spaß. Die zweite Station war als Zimmerboy: Betten bauen. Da wollte ich nach Hause gehen, weil das Waldorf Astoria ein patentiertes Sieben-Laken-Prinzip hat, das ich nicht begriffen habe. Die haben sieben eingeschlagene Laken, während wir in unseren Gästebetten in der Bahnhofsmission Spannbettlaken benutzen. Das finde ich leichter.

Schön war die dritte Station: In der Bar wurden Cocktails gemixt.

Wer gemeinsam feiert, verträgt sich

Eine ganz wichtige Sache war am Anfang der Umgang miteinander im Bereich des Bahnhofs Zoo. Wir haben vor acht Jahren ein gemeinsames Straßenfest organisiert. Das war eine einfache Idee: Wer miteinander feiert, steht sich nicht im Weg. Der verträgt sich. Es geht ums „Mischen". Vielleicht ist das ein wichtiges Wort für die Bahnhofsmission. Alles radikal mischen, durchschütteln und darauf vertrauen, dass etwas Gutes dabei herauskommt. Das war ein Straßenfest mit 4000, 5000 Bürgerinnen und Bürgern. Elendig viel Arbeit, und damals war es für uns sehr schwierig, weil wir kaum Geld hatten. Du willst eine große Party machen, willst ganz viele Menschen einladen. Das hat was zu tun mit dem einen Fisch und wie viele Menschen davon satt werden. Es war schwierig, alle an einen Tisch zu bekommen, andererseits aber auch erfolgreich, und wir zehren noch davon.

 Dieter Puhl
15. Oktober · 10:20 Uhr · 🔔

Pflichtlektüre (oh, ich liebe Zeitungen). Andreas Abel und Gudrun Mallwitz von der Berliner Morgenpost fühlen Senatorin Elke Breitenbach auf den Zahn und sie ist wohltuend sachlich:
„Wohnungslosenhilfe muss mehr sein als nur Notfallunterbringung, Notfallmedizin und Notfallrettung. Wir brauchen ein System, das Angebote vorhält, für Menschen, die auf der Straße leben und für Wohnungslose, damit sie wieder in ein normales Leben zurückfinden."

Der Hinweis auf den Haushaltsgesetzgeber ist wichtig, denn es fehlt nicht an Fantasie, weder der Politik noch den Trägern: „Entscheidend ist der richtige Mix. Einfach Camps auflösen, ist keine Lösung. Dann verdrängen wir nur die Leute vom Tiergarten. Ohne die sozialen Angebote der Wohnungslosenhilfe wird es nicht klappen. Dazu müssen wir möglicherweise auch neue Wege gehen und Modellprojekte ausprobieren. Aber das ist Sache des Haushaltsgesetzgebers. Soziale Probleme kann man weder ausweisen noch verdrängen."

🖒 Gefällt mir   💬 Kommentieren   ↪ Teilen

Tiefenentspannte Prominenz

Vor vielen Jahren las ich in der Zeitung, dass Frank-Walter Steinmeier seine Doktorarbeit als Jurist zum Thema Obdachlosigkeit geschrieben habe. Wir sind kommunal gut vernetzt, damals mit der Berliner SPD-Politikerin im Bundestag, Petra Merkel, die als Freundin immer wieder hier in die Einrichtung kam und uns unterstützte. Ich fragte sie: „Petra, wäre es nicht möglich, Herrn Steinmeier zu einem Besuch hierher einzuladen?" Woraufhin sie antwortete: „Dieter, ich treffe ihn heute Nachmittag, das kann ich machen."

Zwei Wochen später war er, damals Fraktionsvorsitzender, da. Es wurde eine hübsche Begegnung. Dazu muss man wissen, dass Herr Steinmeier als junger Jurist kostenlose Rechtsberatung in einer Obdachloseneinrichtung angeboten hat. Herr Steinmeier kam in die Bahnhofsmission, verharrte für einen Moment und holte tief Luft, ganz ruhig. Obdachloseneinrichtungen haben einen bestimmten Geruch – nicht dass sie stinken, aber trotzdem ist es wahrnehmbar eine Obdachloseneinrichtung. Er holte also einmal tief Luft, fing an zu lächeln und wurde tiefenentspannt, weil sein innerer Film ablief. Daraufhin war es sehr leicht, einen tiefenentspannten Frank-Walter Steinmeier mit seiner Biografie ein Stück weit abzuholen. Das mache nicht ich, sondern unsere Gäste und unsere Ehrenamtlichen, denn die haben einen solchen Charme entwickelt, dass der beinahe ohnmächtig geworden ist. Und das kann ich gut verstehen. Als Außenminister kam er wieder, und auch als Bundespräsident bleibt er uns treu.

Der Titel seiner Doktorarbeit lautet: „Chancen und Risiken staatlicher Zuwendungen für obdachlose Menschen". Auch über unser Zentrum hatte er sich informiert, und mein Eindruck war, dass er es das Ganze nicht nur verstanden hatte, sondern auch gut fand. Eine Woche nach seinem Besuch als Außenminister im August 2016 – ich war an der Ostsee in einem kleinen, netten Dorfgasthaus – rief mich um 22 Uhr sein Büroleiter an: „Herr Puhl, morgen wird Herrn Steinmeier in der Schweiz der Europapreis für Politische Kultur mit einem Preisgeld in Höhe von 50.000 Euro verliehen. Dieses Geld würde er gerne der Bahnhofsmission spenden – haben Sie dafür Verwendung?" Um 22 Uhr an der Ostsee ist das natürlich eine charmante Frage. Wir hatten Verwendung dafür. Dieses Geld war die erste Überweisung für das neue Zentrum der Berliner Stadtmission.

Frank-Walter Steinmeier schrieb uns einen sehr liebevollen Brief über die gesamtgesellschaftliche politische

Verantwortung, und dass wir – das sage ich mit Stolz – ein gesamteuropäisches Projekt sind, das hier Verantwortung trägt. Damals benötigte ein Kollege ein Bewerbungsschreiben für einen anderen Arbeitgeber, weil es für ihn beruflich weiterging. Er fragte mich nach einem Zeugnis; ich riet ihm daraufhin, auf mein Zeugnis zu verzichten und stattdessen die Kopie von Steinmeiers Brief beizulegen. So etwas kommt in einer beruflichen Biografie nicht oft vor – sacken lassen, sich darüber freuen und dankbar sein.

Dieter Puhl
31. Dezember · 16:07 Uhr · 🦵

Hossa – Thomas Gottschalk spendet sein heutiges Honorar zu gleichen Teilen der Bahnhofsmission in München und in Berlin. Merci!

👍 Gefällt mir   💬 Kommentieren   ↪ Teilen

Ein sichtlich gerührter Bundespräsident

Dass Joachim Gauck kam, dazu hatten wir nichts getan. Es hat uns kalt erwischt, als ein Anruf in der Vorweihnachtszeit 2016 ankündigte: „Der Herr Bundespräsident möchte Sie besuchen." Er wollte bereits eine Woche darauf kommen. Ich hoffe, dass wir gute Gastgeber sind und dass es uns gelingt, Menschen gut in die Arbeit hineinzuführen und sie selbst als Menschen abzuholen. Wenn jemand seine Zeit investiert, wenn jemand seine Empathie mitbringt,

 Auswärtiges Amt

Dr. Frank-Walter Steinmeier
Bundesminister des Auswärtigen
Mitglied des Deutschen Bundestages

An den
Leiter der Evangelischen Bahnhofsmission
Berlin Bahnhof Zoo
Herrn Dieter Puhl
Jebenstraße
10623 Berlin

Berlin, den 6. August 2016

Lieber Herr Puhl,

heute ist mir in Ascona der Europapreis für politische Kultur verliehen worden. Das Preisgeld in Höhe von 50.000 Euro, das mit dieser Ehrung verbunden ist, möchte ich der Obdachlosenarbeit der Evangelischen Bahnhofsmission Zoologischer Garten spenden. Es soll in die anstehende Gestaltung dringend notwendiger neuer Räumlichkeiten fließen.

Aus meinen Besuchen in der Evangelischen Bahnhofsmission Zoologischer Garten Berlin weiß ich: Ihr Team leistet in dieser größten Einrichtung ihrer Art auf unserem Kontinent mit bewundernswertem Engagement eine Arbeit, die wir heute dringender denn je brauchen. Mit Respekt gegenüber den Schwächsten, mit unverwüstlicher Freundlichkeit gegenüber jedermann und mit schier grenzenloser Geduld lindern Sie die Not der über die letzten Jahre stark gestiegenen Zahl von Menschen ohne Obdach aus ganz Europa, die am Bahnhof Zoo stranden.

Dieser Einsatz ist unverzichtbar in einem Europa, das auf die Unantastbarkeit menschlicher Würde baut. Er ist gerade in diesen Zeiten Inspiration und Ermutigung für uns alle - auch für mich ganz persönlich. Umso mehr freue ich mich, wenn die Spende hilft, schnell neue Räumlichkeiten für die Obdachlosen am Bahnhof Zoo bereitzustellen.

Mit herzlichen Grüßen

Ihr
Frank-Walter Steinmeier

Frank-Walter Steinmeier spendete 2010 50.000 Euro Preisgeld – die erste Überweisung für das neue Zentrum der Berliner Stadtmission.

muss man in den zweieinhalb Stunden, die ein solcher Besuch in der Regel dauert, auch punktgenau sein. Denn eine solche Chance bietet sich nicht so oft. Joachim Gauck und seine Lebensgefährtin Daniela Schadt, ein sehr charmantes Gespann, haben sich bei uns wohlgefühlt, so mein Eindruck.

Den Bundespräsidenten hat es emotional sehr mitgenommen, als wir ihm unser Weihnachtszimmer zeigten. Das war gefüllt mit Paketen von Berliner Schülerinnen und Schülern. Als er das sah, fing er an zu schlucken – ich muss da auch schlucken! Ein Paket ist liebevoller gepackt als das andere, alle Pakete sind mit kleinen Karten versehen. Eine Karte an einen unbekannten obdachlosen Menschen hatte ich ihm vorgelesen. Danach gab es eine Begegnung im Gastraum, für uns alle ein Highlight.

„Tiefenentspannt". Bundespräsident Frank-Walter Steinmeier ist ein gerngesehener Gast in der Bahnhofsmission.

Es waren rund 20 Journalisten vor Ort. Als Herr Gauck ging, blickte er mit feuchten Augen in die Kamera und sagte, das sei sein vorgezogenes Weihnachtsgeschenk gewesen, er sei bald arbeitslos und habe dann mehr Zeit. Und er versprach, wiederzukommen, sobald er nicht mehr Bundespräsident wäre, um sich an die Geschirrspülmaschine zu stellen. Einige Monate später erhielten wir erneut einen Anruf: „Herr Gauck möchte sein Versprechen einhalten." Er kam also ein zweites Mal und stellte sich an die Geschirrspülmaschine.

Gäste wie Herr Gauck und Herr Steinmeier können vernetzen und bringen eine gesellschaftliche Aufmerksamkeit und Reputation mit sich. Es ist alles andere als selbstverständlich, wenn das im Bereich der Obdachlosenhilfe exemplarisch stattfindet. Davon profitieren alle Obdachloseneinrichtungen. In der Vorweihnachtszeit ist es gängig, sich um kleine Mädchen zu kümmern, die aus irgendwelchen Gründen Hilfe benötigen, denn das geht gesellschaftlich gut runter. Jeder Mensch, ob Außenminister oder Bundespräsident, der eine Obdachloseneinrichtung betritt, besucht rumänische, bulgarische, polnische und russische „Penner" – in der Wahrnehmung vieler Menschen unserer Bevölkerung. Nach einem solchen Besuch schaue ich mir am nächsten Tag selbstverständlich an, wie die Medien darüber berichten. Sie haben sehr freundlich darüber berichtet. Außerdem lese ich die entsprechenden Leserbriefe. Diese geben eine ganz andere Wirklichkeit wieder ... Wenn jemand uns aufsucht, kann er eine Menge falsch machen. Das müssen die Menschen, die uns besuchen, aushalten.

Wenn die Seele klappert

Wir haben immer gemeckert, dass wir deutlich unterfinanziert sind. Was schwierig ist, was Druck im Kessel macht. Du musst arbeiten. Du hättest Personal entlassen sollen. Wir haben kein Personal entlassen, wir haben zusätzliches eingestellt! Weil in den letzten zehn Jahren auch die Anzahl unserer Gäste mehr wurde. Das waren vor neun bis zehn Jahren rund 400 täglich. Jetzt sind es an vollen Tagen rund 700 täglich. Das würde man mit der alten Kernmannschaft alleine gar nicht schaffen. Die Herausforderungen sind gewachsen. Menschen sind erkrankter. Das merken auch wir.

In Deutschland und in Berlin wird ein Gewaltproblem mit obdachlosen Menschen diskutiert. Ich würde es anders nennen. Wenn jemand paranoid, schizophren ist, noch ein bisschen Borderline erkrankt ist oder die offene Psychose klappert; wenn so jemand krankheitsbedingt, weil er suchtmittelabhängig ist, noch fünf Promille Alkohol trinkt und überall in Berlin anstehen muss, um alles betteln muss – da kann ich verstehen, dass dieser Mensch nicht den ganzen Tag nur lächelnd durch die Gegend geht. Das findet ein Ventil, wenn übrigens bisher auch nur bei ganz, ganz wenigen. Aber wenn, dann wird es durchaus brutzlig. Und dann solltest du schauen, ob du für einen solchen Moment ausreichend Personal zur Verfügung hast.

Es heißt immer so schön, Krisenintervention, Deeskalieren. Kann man alles machen, wenn das Fachpersonal da ist. Das haben wir in den letzten Jahren eingestellt. Wir haben gerieben, wir haben gemeckert. Wir haben viele Politikerinnen und Politiker eingeladen. Und die halten es ja selbst nicht aus. Also, ich habe hier Menschen rausgehen sehen, politische Gestalter, mit Tränen in den Augen, in purer Verzweiflung.

Wir erhalten zukünftig mehr Geld. Unser Defizit in Höhe von 200.000 Euro wird ausgeglichen. Damit haben wir nicht gerechnet. Und es gibt eine zweite Entwicklung, die ausgesprochen gut ist, über die ich mich freue: Unser Freundeskreis wächst. Das ist auch gut so, weil die Not vor der Tür bei allen politischen Bestrebungen und bei all unseren Bestrebungen auch nicht kleiner, sondern drastisch größer wird. Und wir sind mittlerweile in der luxuriösen Situation, uns zu überlegen, welche zwei, drei kleinen Extraprojekte wir gründen können.

Ich weiß zum Beispiel, dass Menschen, die an Demenz erkrankt sind, durch den Tiergarten irren. Sie sind nicht ursächlich obdachlos, sondern haben vergessen, wo sie wohnen. Das Konzept dafür schreibe ich in wenigen Stunden, soviel Berufserfahrung habe ich. Wir könnten 120.000 Euro in Personal, also Einzelfallhelfer geben.

Ich investiere nicht so gerne in die Institution. Mein Büro ist ziemlich schäbig, und es gab in den letzten zehn Jahren viele Leute, die mich fragten, ob ich das nicht mal schöner einrichten wollte, mit einer schönen Couch und neuen Regalen. Ich tue mich da schwer. Ich bin in dem Büro ziemlich glücklich, weil es immerhin ein Einzelbüro ist. Wir sind sehr verhalten bei den Sachmitteln. Kauft die Bahnhofsmission sich jetzt ein neues Auto? Sicher nicht. Wir investieren doch eher in die Menschen. Der größte Ausgabeposten in allen Einrichtungen ist Fachpersonal. Wir sind gesegnet mit Ehrenamt. Mit tollen Menschen, die sich einbringen. Ein paar Profis müssen aber dabei sein.

Unsere Grenzen, unsere Träume

Dennoch: Die Schlange vor der Tür wird immer größer, sodass wir uns fragen müssen: Was schaffen wir? Das hat etwas mit räumlichen Möglichkeiten zu tun; das hohe Tempo ist aber auch nur begrenzt zu halten.

80 Prozent unserer Gäste sind obdachlos, 20 Prozent sind schlicht arm, Alleinerziehende, Studenten, vornehmlich aber Menschen, die von Altersarmut betroffen sind. Die Armut in Innenstadtbereichen ist ausgeprägt, da ist die Wilmersdorfer Witwe fast als Fachbezeichnung richtig. Du hast 800 Euro Rente, zahlst 600 Euro Miete und kommst damit als ältere Dame klar, solange du keine orthopädischen Schuhe für 160 Euro brauchst oder dir der Kühlschrank nicht kaputtgeht. Wenn das passiert, machst du dich aus Charlottenburg oder Mitte auf den Weg, um hier morgens um 6 Uhr zwei Brötchen und eine Tasse Kaffee zu bekommen. Das ist erbärmlich.

Bei jeder Form von Armut, wenn die Bundesregierung oder irgendwelche Stiftungen irgendeine neue Untersuchung herausgeben, klingelt zwei Minuten später das Telefon hier, weil Journalisten wissen, dass sie die Menschen hier treffen werden. Einige unserer Gäste haben ja eine Wohnung. Wie es mit dieser bestellt ist, ist eine ganz andere Sache. Der eine hat kein Gas mehr, die nächste keinen Strom, oder du bist Messie und kannst deine eigene Wohnung kaum noch betreten. Niemand hat Zeit für einen Hausbesuch, das ist für eine Bahnhofsmission Luxusdenken. Eine Herausforderung für die Zukunft.

Ich bin sehr stolz auf die Bahnhofsmission am Hauptbahnhof, die ich ja auch noch leite. Ich würde diese Leitungsverantwortung gerne abgeben, weil es ein bisschen zu viel Arbeit ist. Wir haben vor drei Jahren dort mit der Deutschen Bahnstiftung ein sehr schönes Angebot entwickelt: „Die Mutmacher am Hauptbahnhof". Da gibt es Seelsorge und hochprofessionelle Beratung für Bürger. Bei dir kneift die Seele. Dein Liebster hat dich verlassen. Du hast drei Freunde angerufen, die zufällig nicht ans Telefon gehen oder keine Zeit haben. Du hast keine Lust auf die Telefonseelsorge, die ich übrigens persönlich sehr schätze. Aber du willst nicht telefonieren. Du willst Menschen. Die Praxis deines Arztes ist gerade überlaufen.

Dieter Puhl
25. Oktober · 9:23 Uhr · 🔒

Im Dezember wird der Berliner Haushalt verabschiedet, für die nächsten 2 Jahre werden damit Richtungen vorgegeben. Die geplante Erhöhung um 2,5 Millionen Euro jährlich für die Obdachlosenhilfe wird einfach nicht reichen und ich vermute, alle wissen das auch. In einem Gespräch mit der Berliner Morgenpost vor 1,5 Wochen verwies Sozialsenatorin Elke Breitenbach auf den

Haushaltsgesetzgeber, nun lese ich im Neuen Deutschland von ihr: „Das Problem kann weder ein Bezirk noch eine Senatsverwaltung alleine lösen." Auch das ist sicher richtig! Welche Geldmittel stellen denn aber andere Ressorts zusätzlich zur Verfügung, damit Obdachlosigkeit sich in Berlin nicht verfestigt? Sind viele obdachlose Menschen verwirrt, beeinträchtigt, gar psychisch erkrankt, wer ist dann eigentlich für sie zuständig? Etliches deutet doch auch auf den Bereich Gesundheit hin – der Berliner Psychiatriekoordinator erkennt aber keine Zuständigkeiten an. Täte er es, sehr viele Stellen wären zu besetzen!

Verwirrspiel: Lebst du auf der Straße und die Psyche klappert, ist aktuell wohl niemand richtig für dich zuständig, es wird im Zweifelsfall die Polizei gerufen (danke, sie leistet sogar gute Dienste, nur, deren Job ist es mit Sicherheit nicht). Das ist schlecht für die erkrankten Menschen, schlecht aber auch für andere, wenn die Psyche der Betroffenen aneckt oder mehr. Hier aber gezielt zu helfen, ist teuer und es fehlt das entsprechende Fachpersonal.

(Seit Jahren übrigens bin ich ein ausgesprochener Fan von „gemischten Angeboten", wir als Berliner Stadtmission erproben das ja mit den Mobilen Einzelfallhelfern solide mit BVG und S-Bahn. Können Polizei und Sozialarbeit hier nicht gemeinsame Wege gehen? Nicht alle Sozialarbeiter wären dazu bereit, es gibt sie aber. Unsere Telefonnummer ist ja bekannt.)

♡ Gefällt mir   ☼ Kommentieren   ➞ Teilen

Seelsorge & Beratung

Das geht zurück auf eine sehr wichtige Geschichte von vor 25 Jahren. Da fing ich nämlich für die Stadtmission in der Kaiser-Wilhelm-Gedächtnis-Kirche im Foyer an, wo es eine Seelsorgeberatung gab. Dort klingelte eine hübsche, blonde Frau. Das ist bestimmt eine Praktikantin von Pfarrer Axel Nehlsen, dachte ich. Und baggerte sie volle Elle an, weil ich sie recht attraktiv fand. Nach zwei, drei Minuten dachte ich: Moment mal ... Beim Reinkommen war etwas, was sperrig war. Ich fragte: „Mann, jetzt bin ich ein bisschen oberflächlich gewesen, mögen Sie mir nicht mal sagen, warum Sie hergekommen sind?" Daraufhin sie: „Ich war im Bus auf dem Weg in den Grunewald, ich wollte mich umbringen." In der rechten Jackentasche waren die Schlaftabletten, in der linken die Flasche Schnaps, um sie aufzulösen. „Und dann sah ich draußen das Schild ‚Seelsorge und Beratung' und dachte, du hast doch nichts zu verlieren. Kannst noch mal aussteigen." Ich habe einen Heidenschreck bekommen. In dem Job war ich Berufsanfänger. Meine Eröffnung für so ein Gespräch war nun wirklich nicht grandios, sondern ziemlich unprofessionell: „Ich würde gerne den Pfarrer anrufen, damit er das Gespräch weiterführt." Sie strahlte mich an und sagte: „Ach, wissen Sie, Herr Puhl, wenn man sich umbringen will und wird dann so charmant angeflirtet, kann das der erste Halt im Leben sein. Ich würde das Gespräch gerne mit Ihnen weiterführen."

Es folgte ein langes, schönes Gespräch. Anschließend begleitete ich sie in die Krisenintervention in der Turmstraße, wo es eine offene, gute Psychiatrie gab. Wenn du jemanden in die Psychiatrie einweisen lässt, bist du für die Person auch ein Stück weit verantwortlich. Also habe ich mich entschieden, sie dort zu besuchen. Sie musste gar nicht so lange dableiben. Im Anschluss daran habe ich geholfen, sie in eine therapeutische Wohngemeinschaft zu vermitteln. Danach hielten wir Kontakt, gingen zweimal im Monat miteinander ein Bier trinken. In dem Wohnprojekt, in dem ich arbeitete, hatte sie später als junge Studentin gejobbt und sauber gemacht. Irgendwann verlor sich unser Kontakt. Vor ein paar Jahren sah ich sie am Lietzensee mit einer Freundin spazieren gehen. Sie sah mich nicht. Und sie lachte und lebte. Darüber habe ich mich unheimlich gefreut. Arbeit mit obdachlosen Menschen gibt Sinn, aber es gibt viele andere schöne Arbeitszusammenhänge, die auch Sinn geben.

 Dieter Puhl
10. November · 15:15 Uhr · ✿

„Durch Berlin zu tingeln, um sehr angeschlagenen, obdachlosen Menschen gezielt helfen zu können, mit sehr viel Zeit", so beschreibt Sascha seine Tätigkeit als Mobiler Einzelfallhelfer der Berliner Stadtmission. Und berichtet dann über Ergebnisse und Erfolge, die kaum jemand für möglich hält. Schon morgens ab 7 Uhr ist er unterwegs, in U- und S-Bahnen, schaut hin, wo viele andere wegschauen. Bleibt und kommt auch wieder. Weil er sich nicht abfinden mag, wenn Menschen sich langsam auflösen. Und wenn kein gutes Ergebnis erzielt werden kann, bleibt der Trost, es ist wirklich alles probiert worden. Und dann geht es am nächsten Tag einfach weiter ... erneut und immer wieder. Und ich bin stolz, ich darf das Projekt koordinieren. Und Ihr dürft stolz sein, Ihr ermöglicht es durch Eure Spenden.

   👍 Gefällt mir   💬 Kommentieren   ↱ Teilen

Können wir Ihnen helfen?

Diese Geschichte habe ich mal meinem Freund, dem Finanzvorstand der Deutschen Bahn, jetzt Bahnchef, erzählt, der mich nach beruflichen Träumen gefragt hatte. Ich sagte: „Lieber Richard, ich arbeite gerne mit obdachlosen Menschen, aber es gibt auch noch andere Menschen, die Hilfe benötigen. Ich würde gerne eine zentrale Beratungsstelle aufmachen an einem guten Ort." Nicht irgendwo in einer Sackgasse. Es gibt viele gute Beratungsstellen, die sind jwd – janz weit draußen –, damit sich bloß kein Klient oder Gast dahin verlaufen wird. Und ich hatte ihm vom Foyer an der Gedächtniskirche erzählt. Den zentralen Ort konntest du nicht übersehen.

Er fragte mich: „Wo würdest du das heute hinsetzen?" Ich: „Ich bin verantwortlich für eine noch schlummernde Bahnhofsmission am Hauptbahnhof. Da haben wir nicht gerade das Geld für spannende Sozialarbeiterprojekte." Ich weiß, dass der Hauptbahnhof der Lieblingsbahnhof der Deutschen Bahn ist, ihr Vorzeigeprestige-Projekt, da werden alle zurecht ganz stolz. „Mensch, das ist ein zentraler Ort, die Bahnhofsmission ist da. Dort würde ich es gerne installieren." Wir haben dann noch ein paar

Wochen verhandelt. Das war alles relativ leicht. Die Stiftung der Deutschen Bahn vertraut uns, der Stadtmission, jetzt jährlich 150.000 Euro an. Und wir haben das „Mutmacher"-Projekt am Bahnhof. Streetworker, Kolleginnen und Kollegen, die ich sehr wertschätze, gehen herum und schauen, ob du vielleicht zusammengesunken dasitzt, vielleicht als erkennbar obdachloser Mann oder Frau, aber vielleicht auch nur als erkennbar traurige Frau, die gefragt wird: „Können wir Ihnen helfen?"

Das Wunder vom Bahnhof Zoo

Über hundert Bahnhofsmissionen sind mietfrei in Immobilien der Bahn untergebracht. Dass ich mich hier am Zoo als Dienstleister der Bahn verstanden habe, ist eigentlich selbstverständlich. Und das noch mehr in meiner Leitungsfunktion am Hauptbahnhof, wo wir vergleichsweise deutlich häufiger mit bahnreisenden Menschen zu tun haben. Das war für mich immer ein abstraktes Gebilde: die Deutsche Bahn und du bist Dienstleister. Wen ich hier kannte, war der Kollege Peter Fritsch von der DB-Sicherheit, ein guter Freund. Ihm bin ich noch immer dankbar – das hat etwas mit Freundschaft zu tun –, denn eines Tages kam Peter zu mir und sagte: „Dieter, morgen kommen zwei Jungs von der Bahn, wir kommen mal vorbei." Die haben bei ihm einen Servicetag gemacht, ihn also in seinem DB-Sicherheitsdienst begleitet. Da habe ich nicht länger zugehört, sondern nur noch Ja gesagt, mach mal …

Eine richtungsweisende Begegnung

Am nächsten Tag tauchte er mit zwei netten, freundlichen Menschen auf. Den einen der beiden fand ich in Ordnung, ganz nett. Der zweite, Richard, war der Burner, das floatete ziemlich schnell, den mochte ich bereits nach drei

Richard Lutz, Vorstandsvorsitzender der Deutschen Bahn und Beiratsvorsitzender der Deutschen Bahn Stiftung und Dieter Puhl präsentieren am 28. September 2017 im Hauptbahnhof in Berlin die neuen Jacken für die Mitarbeiter der Bahnhofsmission.

Sekunden sehr gerne. Ich dachte, das sind zwei Kollegen von der Deutschen Bahn, und da der eine von Finanzen sprach, ging ich davon aus, dass er Finanzsachbearbeiter wäre. Obwohl sie ursprünglich nur 20 Minuten bleiben wollten, blieben sie knappe drei Stunden, in denen sie viele Fragen stellten. Bei der Bahnhofsmission duzt man sich schnell – alles war gut –, aber in den letzten zehn Minuten irritierte mich Richard doch, weil er ständig vom Bahnchef Rüdiger Grube sprach. Da wunderte ich mich: Warum hat ein Finanzsachbearbeiter es nötig, ständig mit seinem Konzernchef rumzuschmeißen? Um 23.30 Uhr bekam ich folgenden Text per Mail: „Lieber Dieter, vieles geht mir nach, vieles geht mir durch den Kopf. Als Privatperson kann ich helfen, aber das wird nicht ausreichen, wir sind auch als Konzern gefordert. Du wirst von uns hören, und zwar recht bald. Schlaf gut, liebe Grüße" – und dann konnte ich im Abspann lesen: „Dr. Richard Lutz, Finanzvorstand der Deutschen Bahn".

Ich bin von meinem Sofa aufgestanden, in die Küche gegangen, habe mir einen guten Whiskey eingeschenkt und dachte: Yepp, es könnte sein, dass du da Glück gehabt hast! Ich konnte erahnen, dass der Finanzvorstand der Deutschen Bahn wichtig ist, aber außerdem mochte ich den Menschen sehr gerne. Der andere, den ich für einen Personalsachbearbeiter gehalten hatte, war übrigens ein Personalvorstand.

Wir sind hier ambitioniert

Ich merke mir gerne Dialoge – drei Tage später klingelte mein Handy, ich ging ran: „Hi, Dieter Puhl." Auf der anderen Seite: „Hallo, hier ist Rüdiger Grube." Darauf erwiderte ich: „Guten Tag, Herr Grube, Sie rufen zu früh an." Er fragte: „Wieso rufe ich zu früh an, Herr Puhl?", und ich entgegnete: „Wir sind hier ambitioniert, ich habe auf den Chef der Deutschen Bahn zugearbeitet, aber ich habe in frühestens drei Jahren mit Ihrem Anruf gerechnet." Woraufhin er sagte: „Dann sollten Sie mich nicht unterschätzen, Herr Puhl."

Rüdiger Grube und Richard Lutz konnten sehr gut miteinander, Herr Grube hat sich gerne von seinem Finanzvorstand positiv vorantreiben lassen, was ein offenes Geheimnis war. Richard sagte: „Geh da einmal hin und schau dir den Laden an, die brauchen Hilfe." Eine Woche später war Herr Grube mit sieben Lehrlingen aus einem Sozialprojekt der Deutschen Bahn zu Besuch – die waren selber nette, leicht angeschlagene junge Männer – und hat das erste Mal bei uns mitgearbeitet. Während Richard Lutz eher die Haltung hat, im Hintergrund zu wirken. Ich weiß aus seiner Biografie, dass er mal deutscher Schachvizejugendmeister war. Richard sitzt also gerne am Schachbrett – was ich ganz sympathisch finde –, mit einer guten Ethik blickt er nach vorne.

Am selben Tag ist noch etwas weiteres Wundersames passiert, ein Tag, der vollkommen unbegreiflich ist. Ich spreche ja hier viel von Fügung, Schicksal, Jesus, Rückenwind, Begegnung. Also, die drei sind nach ihrem Besuch bei uns weiter auf Streife gegangen, und dabei ist etwas passiert, was nie passiert: Die Streife der DB-Sicherheit ist von obdachlosen Menschen angegriffen worden. Obdachlose Menschen greifen in der Regel niemanden an! Mit ein wenig Vernunft hätte ein Personalvorstand der Deutschen Bahn sich schützend vor seine Mitarbeiter stellen und sagen müssen: Ich finde die Bahnhofsmission mit ihren Leuten grauenhaft. Im systemischen Denken kann man fragen: Wo landet deine Solidarität? Und in diesem Kontext hätte es uns nicht verwundern dürfen, wenn sie woanders gelandet wäre.

Der Bahnchef als Freund und Helfer

Etwas hat sich entwickelt, Weiteres kommt hinzu. Die Geschichten sind schon sehr wundersam und schön, wenn zum Beispiel der ärztliche Leiter der Deutschen Bahn weltweit seit drei Jahren ehrenamtlich in der Arztambulanz für obdachlose Menschen arbeitet. Die Deutsche Bahn gibt nicht nur ihr Geld – das sind feine Menschen, die sich auch selbst einbringen.

Das erste Projekt, das durch die Deutsche Bahnstiftung ermöglicht wurde, waren die Mobilen Einzelfallhelfer. Damals haben wir mit einer Förderung in Höhe von 30.000 Euro angefangen. Das war eine 75-Prozent-Stelle. Jetzt, vier Jahre später, sind wir bei sechs Leuten, bei anderen Kooperationsverträgen. Ich bemühe mich, weitere Partner zu gewinnen, aktuell handelt es sich dabei um die BVG und die S-Bahn Berlin. Außerdem werden wir von Bürgern und Freundinnen und Freunden unterstützt.

Die Kollegen gehen raus und auf Menschen zu, bei denen wir Angst haben, dass sie in den nächsten Monaten sterben, weil sie so fertig, weil sie so gezeichnet, weil sie so psychisch und körperlich durcheinander sind. Dieses Projekt hat zwei besondere Eigenarten. Zum einen sind die Kollegen ziemlich klasse, fachlich top, sehr einsatzbereit. Zum anderen nehmen sie sich für einen einzelnen Menschen über Gebühr viel Zeit, dabei kann es sich um 200 bis 300 Stunden handeln.

Heimathafen der Sozialarbeiterinnen und Sozialarbeiter ist die Bahnhofsmission Zoo. Die Einzelfallhelfer gehen durch die Stadt, arbeiten auch in Kreuzberg oder in

Spandau. Sie schauen mitunter – und das ist leider sprachlich korrekt –, wo Menschen verfaulen. Auf U-Bahnhöfen muss man manchmal leider nur seiner Nase nachgehen.

Die Einzelfallhelfer erzielen Ergebnisse, die die Helferszene nicht für möglich hält. Dabei ist das Projekt eigentlich sehr preiswert, die einzelne Hilfe für einen Menschen kostet gemittelt um die 2000 Euro. Das ist wenig Geld, um jemanden nachhaltig im Hilfesystem anzudocken, wie es im Sozialarbeiterjargon heißt. Dahinter können sich sehr unterschiedliche Ergebnisse verstecken: Bei sehr wenigen ist es eine eigene Wohnung, bei demenzerkrankten Menschen sollte es eine Senioreneinrichtung sein, es kann sich aber auch um den therapeutischen Bauernhof in Brandenburg handeln.

Festbeißen und nicht loslassen

Zu dem ersten Kollegen bei seiner Einstellung sagte ich: „Du bist ein Bodyguard. Wenn der Mensch auf die Toilette geht, gehst du hinterher. Du musst dich festbeißen und darfst nicht loslassen. Das Einzige, was ich mir von dir als Kollegen wünsche, ist, dass du nach zwei, drei Monaten ein Ergebnis hast, denn du verfügst über ein unheimlich gutes Handwerkszeug, du hast ganz viel Zeit – das hat sonst niemand!" Als Sozialarbeiter führen wir sehr oft Gespräche von einer Viertelstunde. Die Kollegen, die als Mobile Einzelfallhelfer arbeiten, brauchen manchmal für die einzelnen Menschen – eigentlich nachvollziehbar – Wochen bis Monate, um ihn überhaupt kennenzulernen. Ich bin selber als Streetworker über Jahre auf eine Frau zugegangen, habe sie dreimal in der Woche angesprochen: „Ich bin Dieter, ich bin der Gute, ich möchte dir helfen." Erst Jahre später habe ich mitgekriegt, dass sie eine üble Missbrauchsgeschichte erlebt hatte, und dann kommt jahrelang ein naiver Typ an und fordert sie auf, ihm zu vertrauen – die sogenannte Kontaktaufnahme braucht Zeit! Obdachlose Menschen erzählen dir nicht nach fünf Minuten von den tiefsten Verletzungen ihrer Seele. Aber erst wenn du um die Verletzungen weißt, kannst du gezielt helfen.

Das zweite zeitgleiche Projekt, gefördert durch die Deutsche Bahnstiftung, ist das Medizinische Zentrum im Zentrum der Berliner Stadtmission in der Lehrter Straße. Das begann als kleine Ambulanz und ist mittlerweile, auch durch die Hilfe anderer Menschen, zum Medizinischen Zentrum geworden, an dem mehrere Ärzte tätig sind. Geleitet wird es von Uli Neugebauer, Sozialarbeiter wie ich. Uli Neugebauer und ich haben vor 25 Jahren am selben Tag in der Stadtmission angefangen, wir hatten nacheinander die Bewerbungsgespräche und 2017 folglich am selben Tag 25-jähriges Dienstjubiläum. Ich halte mich für gut, aber ich verneige mich vor Uli.

Engagierte Freunde und Unterstützer

Für die Mobilen Einzelfallhelfer erhalten wir von der Deutschen Bahn 30.000 Euro jährlich, für das Medizinische Zentrum 70.000 Euro und für das dritte Projekt, die Mutmacher am Hauptbahnhof, 150.000 Euro jährlich. In der Vorweihnachtszeit sind die Freunde in der Deutschen Bahn – Richard, Richards Assistentinnen und andere Vorstände – seit Jahren damit beschäftigt, Schoko-Weihnachtsmänner und Schlafsäcke zu sammeln. Es kommt sogar vor, dass sie sich in einer Winternacht bei einem Hertha-Heimspiel vor das Olympiastadion stellen, um dort zu sammeln. Es geht dabei nicht immer um Geld – dabei ist Geld, weiß Gott, nicht schädlich. Mitunter kommen sie hier total durchgefroren um 22 Uhr an, um die Schlafsäcke abzugeben.

Als nächstes Projekt kam das Hygienecenter, der Bau kostete wohl 350.000 Euro. Das wurde in wenigen Monaten so schnell gebaut, dass wir noch gar kein Personal hatten. Zu dem Zeitpunkt geisterte bereits der Flughafen durch die Gegend, woraufhin die Bahn sagte: „Wenn wir etwas anpacken, geht das schneller." Anfang Dezember 2015 wurde am Morgen des Eröffnungstags noch der Fußboden gegossen. Entsprechend kann man heute dort noch ein paar Fußspuren im Beton entdecken.

Bei der Eröffnung waren der Bundesgesundheitsminister Hermann Gröhe, der Regierende Bürgermeister von Berlin Michael Müller und der damalige Bahnchef Rüdiger Grube vor Ort.

Gut, der Berliner Senat übernimmt die Reinigungs- und Betreuungskosten in Höhe von 150.000 Euro jährlich.

Im kleinen Schwarzen zum Neujahrs-
empfang

Seither gibt die Deutsche Bahn jedes Jahr im Januar einen
Neujahrsempfang für die Ehrenamtlichen und Hauptamtlichen der Bahnhofsmission. Zunächst dachte ich, da
wird irgendwo ein Empfang sein, 5000 Menschen, und wir
gehen mit 50 Leuten da hin. Dann hat sich aber das Proto-
koll gemeldet. Es war kein Empfang für 5000 Menschen,
sondern wirklich nur für uns. Das Verblüffende, der Respekt dabei ist, dass viele Menschen aus dem Management
der Deutschen Bahn dabei sind, und die alle auf einen Ter-
min einzuladen – ich ahne, wie schwierig das ist.

Unser erster Neujahrsempfang. Alle waren aufgeregt,
und die siebzigjährigen Ladys fragten mich: „Wie ist der
Dresscode?" – Ich: „Das kleine Schwarze." Das haben sie
auch alle umgesetzt. Die kamen alle hübsch aufgebrezelt
an, mit Stulpen und schönen Schals und sonst irgendwas.
Dann kam Ingolf Leuschel, der war damals Sonderbeauf-
tragter der Deutschen Bahn für Berlin und Brandenburg,
und holte uns ab. Er sagte: „Ach, zum Potsdamer Platz" –
es war Winter, draußen lag Schnee – „können wir ja auch
zu Fuß laufen." Alle sagten: „Ja." Ich wusste aber, dass wir
durch den Durchgang Richtung Hardenbergplatz gingen
und die Rolltreppe nach oben fuhren: Dort stand ein nagel-
neuer Zug der Deutschen Bahn in Rot, und alles, was blin-
ken konnte, blinkte mit „Herzlich willkommen".

60, 70 Menschen sind damals mitgefahren. Mittlerweile sind es 180. Wir sind dann alle in den Zug, und
Ingolf Leuschel hatte eine kindliche Freude daran. Der

hat übrigens als Sechzehnjähriger angefangen, in Hamburg Bahnkarten zu knipsen. Ich mag diese Bahnbiografien. Ingolf Leuschel fuhr mit uns anderthalb Stunden auf neugeschaffenen Strecken durchs abendliche dunkle Berlin. Wir fuhren – Bahner wissen, dass das was Besonderes ist – zweimal durch den Hauptbahnhof, ohne zu halten und auf verschiedenen Ebenen. Am Potsdamer Platz hielt das Ding an. Wir hatten eine wunderbare Stadtrundfahrt gehabt, das fand ich bereits sehr respektvoll. Da hatten alle schon Tränen in den Augen. Dann kommen wir hoch in den 23. Stock des Bahn-Towers. Oben stand Rüdiger Grube, begrüßte jeden per Handschlag. Von jedem Teilnehmer wurde ein Foto gemacht, und drei, vier Stunden später, als der Empfang vorbei war, bekam jeder das Foto von Rüdiger Grube gerahmt überreicht. Das ging einem nahe.

Die ganz einfachen Dinge

Gut 400 Menschen machen hier regelmäßig Servicetage, das heißt sie helfen beispielsweise zweimal im Jahr praktisch mit, auch Rüdiger Grube und Richard Lutz. Ihnen habe ich stets die Geschichten von den blutenden Frauen vor unserer Tür erzählt. Obdachlose Frauen, denen das Blut die Beine hinab läuft, weil sie keine Tampons haben. Sie sagten: „Wir wollen die Geschichten von den blutenden Frauen nicht länger hören, wir müssen das anders hinkriegen."

Das sind ganz einfache, intime Dinge: Wo können Menschen eine Toilette benutzen? Wo können sie duschen?

Und erhalten sie danach saubere Unterwäsche? Wo können sie Wäsche waschen? Warum riechen sie in den Verkehrsmitteln so? Wo bekommen sie einen Kamm, eine Zahnbürste, die besagten Tampons? Über solche Fragen machen wir uns im Regelfall keine Gedanken, wenn wir mit dem Bereich Obdachlosigkeit nicht beruflich zu tun haben. Jeder der Beteiligten hat seine kleinen Eigenanteile beigesteuert. Ute Möbus beispielsweise, einer Freundin, die auch im DB-Vorstand ist, war äußerst wichtig, in dem Hygienecenter den Salon Franziska zu eröffnen. Sie hatte unsere Friseurmeisterin Franziska kennengelernt, die ehrenamtlich bei uns arbeitet.

Später kam eine Freimaurerloge zu uns. Zunächst googelte ich, ob ich mit Freimaurern zusammenarbeiten darf, ob eine solche Zusammenarbeit kompatibel mit den christlichen Werten ist. Die Freimaurer habe ich als sehr nette Menschen kennengelernt, die uns zudem verbindlich, jedes Jahr im Januar, 15.000 Euro zukommen lassen. Wir haben uns zusammengesetzt, um gewissenhaft zu entscheiden, was mit dem vielen Geld geschehen soll. Mit diesen 15.000 Euro konnten wir im Hygienecenter eine medizinische Fußpflege auf Honorarbasis einrichten. Auf diese Art und Weise entwickelt sich das Ganze immer weiter.

 Dieter Puhl
20. November · 17:20 Uhr · 🛈

Eigentlich wünschen wir uns ja ein Bett für jeden obdachlosen Menschen, einen geschützten Raum, einen Platz im Leben, für viele auch eine Wohnung. Ein Schlafsack ist ja lediglich eine Notlösung, soll schützen, vor Kälte, Nässe, Ungeziefer, Widrigkeiten, soll etwas Behaglichkeit im rauen Alltag vermitteln, vor dem Erfrieren retten. Und es wird immer schwieriger, Schlafsäcke zu erhalten. Durchschnittlich 25 geben wir in der Bahnhofsmission Berlin Zoologischer Garten jeden Abend heraus, etliche auch noch zusätzlich in anderen Einrichtungen der Berliner Stadtmission. Das sind 750 monatlich am Zoo, macht 9000 im Jahr. Seit Jahren übrigens.

Vor Wochen hatten wir erstmalig gar keine mehr, es war bitter, bedürftige, frierende Menschen abzuweisen. Nun sind Reserven bis Januar da, viele Freunde halfen erneut großherzig, u.a. auch Freunde einer Stiftung in Liechtenstein. Wir wünschen uns deutlich mehr Planungssicherheit. Klappern. Jammern. Betteln. Klagen. Nimmt das denn kein Ende?

Wer mit obdachlosen Menschen arbeitet, möchte nicht von der Hand in den Mund leben müssen, der Beruf ist schwer genug, das ist aber auch unwürdig und zuweilen auch peinlich, dann, wenn Freunde aus Liechtenstein für das Überleben obdachloser Menschen in Berlin zuständig sind.

Man stelle sich vor, Krankenhäuser müssten um Spenden bitten, um ihre Arbeit vernünftig verrichten zu können. Vieles wird über Spenden getragen, in der Kältehilfe, in Notübernachtungen, Tagesstätten, auch in der Bahnhofsmission. Nicht zu vergessen, Hunderte arbeiten ehrenamtlich mit, spenden Zeit und Liebe und Energie. Genug ist genug!

🖒 Gefällt mir   💬 Kommentieren   ↪ Teilen

Sensible Packer und echte Burner

Kürzlich bekam ich einen Anruf – einen Tag, bevor die Medien davon berichteten –, den ich gar nicht fassen konnte. Berlin investiert in den Bereich Armut, in obdachlose Menschen. Ich glaube, ich bin in der Wortwahl durchaus vorsichtig. Es gibt da ein paar Quantensprünge im Bereich der Kältehilfe, die ich sensationell finde. Die Kältehilfe ist vom 1. November bis Ende März geöffnet. 500 Plätze öffnen zukünftig schon am 1. Oktober und haben bis Ende April auf. April und Oktober sind echt fiese Monate. Menschen denken, der Winter ist das Härteste. Das kann man sich abschminken. Es ist alles hart. Der Juli ist hart. Wenn du eingeweicht durch Regen als Moorleiche durch den Tiergarten gehst und pitschnass bist, geht es dir nicht gut. Obdachlose Menschen sitzen nicht gemütlich an der Havel, grillen und genießen das Leben, sondern kämpfen jeden Tag ums Überleben. Ich fand diesen Oktober grauenhaft: Sturm, extrem viel Regen und du rennst dann 24 Stunden mit nassen Klamotten durch die Gegend. Du darfst dich ja nirgendwo unterstellen. Wenn es regnet und du dich zwei Minuten lang irgendwo unterstellst, kommt die Security an und sagt: „Nun gehen Sie mal."

Unser Hygienecenter bekommt zukünftig 100.000 Euro zusätzlich vom Berliner Senat. Momentan haben wir von 10 bis 18 Uhr geöffnet. Künftig werden wir von 6 bis 19 Uhr offen haben. Das ist zwar ein Quantensprung, aber das zusätzliche Geld macht auch Probleme. Ich muss neues Personal finden und der Markt ist recht abgegrast. Ganz ehrlich: Eingekotete, faulende Menschen aus der Bekleidung zu schneiden, dafür stehen nicht gerade 30 Bewerber Schlange. Dass wir geeignete Kollegen haben, ist ein Segen. Die sind in diese Aufgaben hineingewachsen. Wir kooperieren mit einer Reinigungsfirma: Wir stellen das Fachpersonal für Beratung, Begleitung und für dieses Ausziehen, für dieses Sensibelsein, für den eventuell nötigen Krankenwagenanruf. Denn wir wollten nicht Ehrenamtliche bitten, dass sie eingekotete Toiletten reinigen. Das hätten wir als respektlos empfunden. So kam es zur Zusammenarbeit mit den Männern der Reinigungsfirma. Die haben sich ihren Job am Anfang anders vorgestellt. Und mit tiefstem Respekt sage ich: Die machen ihn richtig gut. Vor einiger Zeit gab es eine Aktion, die kaum zu beschreiben ist und bei der jemand aus seiner Kleidung geschnitten wer-

„Dieses Projekt wird die Welt nicht verändern, aber wir hoffen, dass es sie jeden Tag ein kleines Stückchen besser macht."

den musste. Den ersten Krankenwagen haben wir für den Gast gerufen. Zehn Minuten später den zweiten Krankenwagen für den Kollegen, der mit Verdacht auf Herzinfarkt eingeliefert wurde – obwohl er ein Burner ist, obwohl er ein Packer ist. Aber wir wollen ja nicht nur Packer, sondern wir wollen sensible Packer und sensible Burner. Und da war er mal zwei Minuten zu sensibel.

 Dieter Puhl
19. Februar · 10:48 Uhr · ⚑

Du liegst im Krankenhaus, bist noch schwach und etwas angeschlagen und wirst nach wenigen Tagen entlassen, in deine Wohnung, zur Nachsorge und Nachbehandlung, in die Obhut deines Hausarztes, vielleicht bekommst du auch noch weitere Hilfen. Einige kennen das und wissen, wie hilflos man sich fühlt, manchmal über Wochen, wir erinnern uns, man macht dann jeden Tag sehr kleine Schritte, um wieder gesund zu werden.
Bist du obdachlos, ist aber vieles anders. Keine schützende Wohnung, kein Hausarzt, keine Nachsorge, oft ja noch nicht einmal eine Krankenversicherung. Und den entsprechenden Sozialdienst im Krankenhaus hast du vorher nicht gesehen.
Du wirst wieder auf die Straße entlassen, manchmal auch, übrigens ohne jede Absprache, zur Nachsorge in die Bahnhofsmission Zoo. Als Sahnehäubchen dann noch mit vorhandenem Steg, den wir dann auch entfernen dürfen. Nur gibt es keine medizinische Nachsorge in der Bahnhofsmission! Vier Pflegebetten für obdachlose Menschen hat die Berliner Stadtmission, weitere Angebote kommen in Berlin hinzu. Ob das reichen wird, darüber gehen die Meinungen auseinander.
Hast du übrigens 41 Grad Fieber und bist stark erkältet,

wird dir solch ein Pflegebett vielleicht dein Leben retten, hast du es nicht und bist nicht mehr sonderlich zielgerichtet, wird aus der Erkältung eine Lungenentzündung. Verschleppst du diese und gehst zu spät in ein Krankenhaus und stirbst fünf Stunden später an eben dieser Lungenentzündung, kommt für dich erstens jede Hilfe zu spät und zweitens, es interessiert nicht viele Menschen in Berlin. Wie viele obdachlose Menschen haben aber wohl gerade eine sehr starke Erkältung in Berlin?

   👍 Gefällt mir   💬 Kommentieren   ↗ Teilen

Jeden Tag ein Stückchen besser

200 bis 300 Menschen nutzen täglich die Toilette im Hygienezentrum, etwa 100 duschen dort. Das mag sich nach wenig anhören, aber dem ist nicht so, denn wir halten Hygienestandards ein. Wenn jemand die Dusche verwendet hat, wird sie anschließend von einem Kollegen gereinigt und desinfiziert, damit der nächste Nutzer oder die nächste Nutzerin sie in guter Qualität vorfindet. Ich gehe selbstverständlich täglich dorthin, um mir die Sache anzuschauen. Dabei führe ich die Qualitätskontrolle mit meiner Nase durch. Wenn ich in ein Toiletten-Projekt für obdachlose Menschen gehe und es dort nicht stinkt, sondern hell und einladend ist, dann ist das wunderschön.

   Ich erinnere mich an Susanne, die dort vor zwei Jahren das erste Mal ihren Dienst machte und am Abend sehr berührt in unser Büro kam und davon berichtete, wie die ersten Gäste sie gefragt hätten: „Sagen Sie mal, was kostet denn dieser Toilettengang?" Woraufhin sie erwiderte: „Der ist umsonst." – „Was kostet denn das Duschen?" – „Ebenfalls umsonst."– „Was kostet der Haarschnitt?" – „Der ist auch umsonst." Das heißt, die Menschen haben das zunächst gar nicht emotional annehmen oder begreifen können.

Auch in anderen Obdachloseneinrichtungen kannst du duschen, aber in der Regel nicht in der Größenordnung und es kostet meistens Geld. Hier gibt es sieben Duschen. Ferner verfügen diese anderen Einrichtungen nicht über dieselbe Professionalität sowie die Zeit, sich mit den Menschen zu beschäftigen: Du kannst entweder jemanden duschen lassen, oder du bemerkst beim Duschen, wie schlecht es dem entsprechenden Menschen geht. Eventuell ist es notwendig, einen Notarzt zu rufen. Die psychosoziale Begleitung ist sehr wichtig, eventuell bekommst du mit, dass eine Frau in der vergangenen Nacht vergewaltigt wurde. Mitunter öffnet sie sich einer weiblichen Kollegin, was andernorts vielleicht nicht möglich wäre. In einem solchen Fall hat das Duschen noch mal eine andere Bedeutung.

Auch Drogenabhängige kommen zu uns, selbst wenn der Bahnhof Zoo nicht mehr der Drogenschwerpunkt in Berlin ist. Entsprechend kommt es vor, dass jemand sich auf der Toilette, im Warmen, einen Druck setzt. In dem Fall ist das Erste, was passiert: Die Verdauung wird gestört, es kommt zu einer enorm verstärkten Darmtätigkeit. Das lässt sich anschließend bei der Reinigung bemerken. Als Zweites kollabiert der Kreislauf. Und selbstverständlich schauen wir nach zehn Minuten nach, wenn eine Person die Toilette nicht wieder verlässt.

Joachim Lenz, der Direktor der Stadtmission, sagte in seiner Eröffnungsrede: „Dieses Projekt wird nicht die Welt verändern, aber wir hoffen, dass es sie jeden Tag ein ganz kleines Stückchen besser macht." Dieser Satz ist mir damals sehr nahegegangen.

Ein Geschenk fällt vom Himmel

Aktuell hat die Deutsche Bahn der Berliner Stadtmission das Geschenk von 500 Quadratmetern zusätzlicher Fläche am Bahnhof Zoo gemacht. Man kann vom Filetstück der Deutschen Bahn sprechen. Wenn jemand in Kürze den Zoologischen Garten durch den Haupteingang besucht, kann er unser Eingangsschild erblicken. In aller Deutlichkeit: Hier handelt es sich um ein Gebiet, in dem eigentlich hohe Mieten erzielt werden. Die Bahn verzichtet auf sehr hohe Umsätze, und dafür bin ich den Freunden dort zutiefst dankbar. Dafür könnten sie mich auch gerne nachts um drei anrufen, wenn sie Unterstützung für etwas benötigten.

Wir sind noch damit beschäftigt, einen Plan zu stricken. 500 Quadratmeter muss man zunächst vom Kopf, von der Seele und dann vom Budget erschließen. Im Bereich der Bahnhofsmission gibt es viel von der sogenannten niedrigschwelligen Arbeit, wir haben eine ganz gute Versorgung. Es ist nicht unser Ziel, in dieses Gebiet noch mehr obdachlose Menschen zu bringen. Das ist nicht gut für das Gemeinwesen. Stattdessen fragen wir uns als Berliner Stadtmission, ob es möglich ist, die Unterstützung, bis hin zu therapeutischen Hilfen, für zum Teil psychisch sehr gekennzeichnete Menschen zu erhöhen. Außerdem wollen wir einige Dinge, die es bereits gibt, verstärken. Wir machen Bildungsarbeit; rund 100 Schulklassen besuchen die Bahnhofsmission pro Jahr, sie hat 150 Praktikanten pro Jahr. Es gibt eine Bahnmanagerin, die träumt davon, dass jede Berliner Schulklasse im Laufe ihrer Schulzeit einmal in der Bahnhofsmission Zoo mitgearbeitet hat. Das ist sehr ambitioniert, das werden wir nicht schaffen, aber es ist eine schöne Vision. Uns geht es nicht nur um Bildung, sondern um Herzensbildung.

Sodann wollen wir eine Begegnungsstätte schaffen. Wir haben uns bemüht, dem Berliner Kultursenator Klaus Lederer das Konzept „Kultur für Obdachlose" zu verkaufen. Der hat uns das charmant um die Ohren gehauen und gesagt: „Das mache ich nicht, wir brauchen Kultur *mit* Obdachlosen!" Es geht um Inklusion, sprich: Wir lernen, wir schauen, wir suchen. Die Bereiche Gesundheit und Soziales im Berliner Senat werden uns ein wenig unterstützen. Dafür bedanke ich mich. Wir hätten uns allerdings etwas mehr Unterstützung gewünscht. Aber ich weiß nicht, ob unsere Anspruchshaltung an dieser Stelle fair ist, immerhin bewegt sich etwas. Und etliches an Baukosten trägt die zuständige Senatorin, Katrin Lompscher.

 Dieter Puhl
31. Dezember · 16:36 Uhr · ⚹

Zu uns kommen ja nur die Guten. Der zehnjährige Elia spendete heute 25 Euro Taschengeld und schaute sich danach mit seinen Eltern gründlich die Bahnhofsmission an. Jeden Tag erfahren wir hier, wie grausam die Welt ist, jeden Tag aber auch, es gibt Zuversicht. Danke – und vielleicht kommt Elia eines Tages ja als Praktikant wieder.

👍 Gefällt mir　　💬 Kommentieren　　↪ Teilen

Zuversicht durch Jesus

Dennoch will ich bei diesem Geschenk nicht verschweigen: Wir saßen noch vor einiger Zeit zusammen, sahen nur Hürden und waren kurz davor einzuknicken, denn es fehlte ganz viel Geld, es fehlte Personal, und es fehlten Ideen. Obwohl ich gar nicht weiß, woher und warum – wusste ich trotzdem sehr klar: Wenn man das Gefühl hat, dass Jesus hier ein Zentrum, eine Gemeinde bauen möchte, dann sollten wir weniger ängstlich sein. Alles, was momentan passiert, ist abgedreht, und ich weiß, dass wir in den nächsten Monaten noch viele Wunder erleben werden. Ich glaube, es werden viele Menschen herkommen und sich darum drängen, uns zu unterstützen. Das heißt, das Einzige, was uns passieren kann, ist, dass wir in die Defensive geraten und sagen müssen: „Oh, liebe Leute, nicht alle auf einmal."

Noch ein Beispiel: Letzte Woche saß hier ein Mensch, der uns eine Sozialarbeiterstelle für zwei Jahre schenkte. Das ist Segen, einen Menschen einstellen zu können, der noch nicht eingeplant, sondern dafür freigestellt ist, zusätzlich Dinge machen zu können. Selbst wenn es schwierig ist, Stellen zu besetzen, habe ich dafür bereits jemanden im Hinterkopf, der perfekt passt. Man könnte den ganzen Tag heulen vor Glück! Das ist die eine Ebene.

Auf der anderen Seite muss ich sagen: Selbst wenn weitere zehn Menschen kommen, die uns je zwei Sozialarbeiter schenken, wird davon die Schlange vor der Tür nicht verschwinden. Das ist die gesellschaftliche Wirklichkeit, die wir nicht verändern können. Wir können daran arbeiten, dass aus wenigen einige Menschen werden und aus einigen etliche, denen wir helfen. Die ganze Nummer kriegen wir nicht gewuppt.

Bis hierher und noch weiter

Kurz vor Weihnachten ging ich auf dem Weg zum U-Bahn-hof Sophie-Charlotte-Platz an einer Bank vorbei. Mit einem Mal ruf jemand laut: „Herr Puhl, Herr Puhl, Herr Puhl." Ich drehte mich um, ging zurück. Eine ungefähr achtzigjährige Dame saß auf der Parkbank. Sie schaute mich an und sagte: „Meine Schlüpfer kriegen Sie." Wir machen hier ja skurrile Aufrufe, um Unterwäsche für unser Hygienecenter zu bekommen. Das ist ein Bild: Meine Güte, wenn dir die achtzigjährigen Damen in Berlin hinterher-rufen und sagen: „Meine Schlüpfer kriegen Sie!" Ich finde, dann haben wir es geschafft.

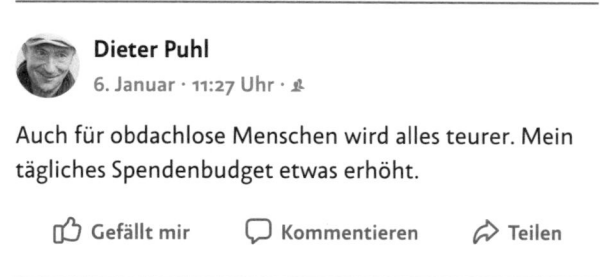

Dieter Puhl
6. Januar · 11:27 Uhr · 🔒

Auch für obdachlose Menschen wird alles teurer. Mein tägliches Spendenbudget etwas erhöht.

👍 Gefällt mir   💬 Kommentieren   ↗ Teilen

In meiner Vorstellung lebt ein weiteres Bild: dass ich die Bahnhofsmission Zoo vor zehn Jahren als liebevolles altes Segelschiff vorgefunden habe. Das war kaputt. Das hatte seine besten Jahre hinter, nicht vor sich. In den Planken waren Löcher, der Mast war brüchig, die Segel waren zerfressen, das haben wir alles mit mehreren Menschen zusammen ein Stück wieder aufgearbeitet, den Kahn auf Vordermann gebracht.

Dann gab es den spannenden Punkt, an dem du anfängst, das Segel zu hissen. Es steckt hier viel Arbeit von uns drin. Und in dem Bild – ich habe übrigens mit Segeln im Leben nichts am Hut, aber das ist ein Bild, mit dem ich es begreifen kann – hisst du dann die Segel. Und wenn du eine Windflaute hast, passiert gar nichts. Du verhungerst. Du gehst pleite, du hast dir viel Mühe gegeben, es passiert gar nichts. Und unser Bild ist das: Wenn Jesus dann pustet, und wenn er dir vorher die Kraft gegeben hat, damit dieser Kahn ein bisschen aufgemöbelt wird, wenn er dann pustet, dann muss nicht irgendeine Zeitung herkommen und von einem Weihnachtswunder bei uns reden, sondern ich muss den Journalisten sagen: „Ihr dürft gerne jeden Tag wiederkommen. Wir haben hier mindestens 365 Weihnachtswunder im Jahr." Das ist das Vertrauen, das Zutrauen, das ist die Gewissheit, die bei mir vorhanden ist. Es berührt mich zutiefst, dass es jeden Tag so ist. Ich spüre, wie gut sich Jesus anfühlt. Das spüre ich tatsächlich, wie in einer Liebesbeziehung. Da ist Jesus ein verflucht guter Partner.

Ich glaube, dass wir noch ein paar Herausforderungen mehr haben werden. Ich glaube, dass sich hier Dinge entwickeln werden, die in 20, 30 Jahren noch Bestand haben für Berlin. Dann – das weiß ich – habe ich schon lange nichts mehr mit dem Laden zu tun. Ich habe die letzten 15 Jahre sehr viel gearbeitet. Und es gibt ja auch einen privaten Dieter Puhl. Der ist in der Zeit sehr ins Hintertreffen geraten. Fit für Freunde zu sein, sich zu freuen, mehr Lust auf Kino, Theater, Kultur zu haben – und auch die Energie dafür. Nicht um sich beschallen zu lassen, sondern um andere Anregungen im Leben zu kriegen, um neue Perspektiven zu entwickeln.

Dieter Puhl
14. Januar · 13:50 Uhr · 🔒

Herzenswunsch: Sehr gerne würden wir in ein paar Jahren die Bahnhofsmission Zoo in dieser Form schließen, weil es einfach keine obdachlosen Menschen mehr gibt.

👍 Gefällt mir   💬 Kommentieren   ↗ Teilen

Ich habe keine konkreten beruflichen Träume. Ich weiß, dass das Thema Obdachlosigkeit ein Moloch ist. Wir können hier entwickeln und machen und tun – wir werden immer nur ein Stückchen abdecken. Dennoch ist es wichtig, dieses Stückchen abzudecken. Der größte gesellschaftspolitische Traum ist einer, den ich nicht erleben werde. Das ist der, dass es keine obdachlosen Menschen in Deutschland gibt. Ich habe früher immer gesagt, ich würde meinen Job gerne überflüssig machen. Und ich hätte auch Freude daran, Tomaten zu verkaufen oder ein nettes Frühstückscafé aufzumachen. Das ist eigentlich die Vision. An dem Punkt bin ich aber auch total unzufrieden. Da brennt etwas in mir, das nicht hinnehmen zu wollen. Gottes Wirklichkeit darf nicht die sein, dass wir sagen, wir rennen durch Berlin und stolpern über Menschen, die verfaulen.

 Dieter Puhl
6. Januar · 7:37 Uhr · ⚐

IN JEDES HAUS GEHÖRT EIN VERRÜCKTER.
Wie wollen wir in den nächsten Jahren miteinander leben? Poppen im Internet wird nicht reichen und Gemeinwesen sollten nicht gemein sein. Natürlich fehlt bezahlbarer Wohnraum, natürlich fehlt weiteres Geld für weitere Hilfen, und zwar deutlich mehr Geld, da wird eine Verdoppelung nicht reichen, natürlich stehen alle, die Verantwortung tragen, mit dem Rücken zur Wand. Und natürlich hat sich in den letzten 12 Monaten etliches getan, etliches tut sich, so die Ausdehnung der Kältehilfe auf die Monate Oktober und April. Und natürlich ist das alles nicht genug. Unser gesellschaftliches Zusammenleben verändert sich. Rapide.
60% der Berliner Haushalte sind Single-Haushalte. Steigende Tendenz. Familiäre Strukturen bröckeln, der Einzelne droht zu vereinsamen. Überspitzt, gehen alle zum Poppen in das Internet, gibt es niemanden mehr, der uns im Krankenhaus am Krankenbett besucht. Und wir delegieren alle Notlagen an den Staat, an ein organisiertes, künstliches Gemeinwesen.
Obdachlose Menschen brauchen nicht nur Wohnungen, sie benötigen einen Platz. In unserer Mitte. Diese Mitte kommt aber etlichen abhanden, möchte zumindest neu definiert und diskutiert werden. Was ist, wenn in wenigen Jahren die Arbeit einfach nicht mehr für alle reicht? Wie sieht Freizeit aus, wenn sie im Überfluss vorhanden ist?
Höher, schneller, weiter – Türme bauen, ein Goldenes Kalb und wer tanzt mit? Da gibt es ältere Menschen, die

vereinsamt und allein in einer 5-Zimmer-Wohnung leben und da gibt es Studenten, die gerade händeringend ein Zimmer suchen. Hey Leute, warum probiert ihr es nicht mal miteinander? Abends beim Sherry Geschichten auszutauschen, ist ein Stück Lebensqualität. Wie gehen wir denn verantwortlich mit vorhandenem Wohnraum um? 12.000 Euro pro Nacht kosten die Suiten in einem Hotel, 12 Monate im Voraus ausgebucht und bezahlt, von Menschen, die sie dann nur 6 Wochen pro Jahr nutzen. 3 Minuten von der Bahnhofsmission entfernt. Da sammeln Menschen Unterschriften, um sich ihres störenden Nachbarn zu entledigen, weil er Messie ist, weil er trinkt, weil es aus seiner Wohnung müffelt, kommen dann 1 Woche später betroffen in eine Obdach-loseneinrichtung, um ehrenamtlich zu arbeiten und obdachlosen Menschen zu helfen.

Obdachlose werden nicht als solche geboren, sie hatten ja mal eine Wohnung. Klar sind hier Krisendienste gefragt, wenn es mal brennt, aber unser Nachbar bleibt u n s e r Nachbar. Und hier bleiben wir in der Verant-wortung. Hausgemeinschaften können tragen, stützen, Halt geben. Hausgemeinschaften verfügen über breite, unterschiedliche Talente. Da ist die Juristin, der Sozial-arbeiter, da sind die Schüler, die beim Einkaufen helfen können. Gemeinwesen sollten nicht gemein sein, sondern gemeinsam bleiben. Das kann man übrigens anregen, fördern, stützen. Durch Bürgerbüros, Fachleute, Mediatoren, wenn es denn mal richtig knirscht. Verant-wortung bleibt Verantwortung, diese neu zu lernen, hat weniger mit Bildung, mehr mit Herzensbildung und Herzenswärme zu tun. Herzenswärme geht uns allen aber gerade abhanden.

🖒 Gefällt mir   💬 Kommentieren   ↪ Teilen

Nächste Hilfe:
Bahnhofsmission.

FAQ: Häufig gestellte Fragen zum Thema Obdachlosigkeit

Wie gehe ich mit Obdachlosen richtig um?

Obdachlose Menschen sind keine Marsmännchen. Man kann sich mit ihnen unterhalten. Sie können reden. Es sind meistens wir, die verstummen. Wenn ich durch meinen Kiez gehe, dann grüße ich Menschen. Das ist der erste Punkt. Wenn jemand ein halbes Jahr vor meinem Supermarkt sitzt und bettelt, könnte man mal anfangen, im Vorbeigehen „Guten Tag" zu sagen, finde ich. Man könnte anfangen, den anderen Menschen anzuschauen, überhaupt wahrzunehmen und einen Blick für ihn zu haben. Wir haben hier mal ein Buch gemacht. Es heißt „Die Unsichtbaren". Es ist ein schöner Titel, aber Quatsch. Das nächste Buch, das wir hier als Bildband machen, würde ich „Die Wegschauer" nennen. Woher nehmen wir die Kraft und die Ignoranz, an so vielen Menschen und an so viel Leid vorbeizugehen?

Die meisten, die das erste Mal die Unsicherheit überwunden haben, einen obdachlosen Menschen anzusprechen, machen unheimlich gute Erfahrungen damit. Ich kann verstehen, dass man unsicher ist. Es ist wie ein

Sprung ins kalte Wasser. Ich kann aber alle nur bitten zu springen. Vom Einmeterbrett springt ihr ja auch. Redet miteinander. Ich kann einen obdachlosen Menschen fragen: „Welche Hilfe wünschen Sie sich? Soll ich Ihnen morgen Kaffee vorbeibringen? Möchten Sie ein Brötchen?" Oder: „Möchten Sie ein Käse- oder ein Salamibrötchen? Sind Sie Vegetarier?"– Ein Vegetarier freut sich nämlich nicht über ein Salamibrötchen. „Kann ich Ihnen Einwegrasierer mitbringen? Möchten Sie ein Duschgel? Brauchen Sie eine neue Decke? Im Winter helfe ich dir/helfe ich Ihnen mit einem Paar warmen Handschuhen." Die Begegnung mit Obdachlosen in der Stadt läuft aber in der Regel andersherum ab. Sie läuft so ab, dass du dich im öffentlichen Raum bewegst und auf einer Strecke von vielleicht fünf Kilometern ungefähr zehnmal angesprochen wirst.

Wie viele Obdachlose gibt es in Berlin?

Knapp 30.000 Menschen sind in Berlin durch den Berliner Senat aktuell untergebracht. Die schwer zu schätzende Zahl der Obdachlosen Berlins geben Hilfsorganisationen mit 4000 bis 6000 Menschen an. Es könnten aber auch mehr sein. Die Wohnungsnot in Berlin ist ein Grund für die Zunahme, die stetig wachsende Zahl osteuropäischer Obdachloser ein anderer.

**Müssen in Deutschland überhaupt Menschen
auf der Straße leben? Es gibt doch so viele
staatliche Stellen und karitative Hilfe.
Warum nehmen die Obdachlosenzahlen
trotzdem zu?**

Viele Menschen sind zunächst überhaupt keine Deutschen. Unsere Gäste am Zoo kommen aus über 80 verschiedenen Ländern. Die meisten der ausländischen Bürger haben überhaupt keine Rechtsansprüche auf Hilfen. Also ja, sie müssen aktuell auf der Straße sein.

Wenn du als rumänischer, bulgarischer, slowenischer, russischer Bürger heute zur sozialen Wohnhilfe gehst, hast du eigentlich einen Rechtsanspruch auf Hilfe. Dem kommen die Behörden nur nicht nach. Das sind Rechtsbrüche. Diese Rechtsbrüche sind unter anderem deshalb haltbar, weil es kaum obdachlose Menschen gibt, die den Klageweg beschreiten, vor allem wenn sie nicht mal der deutschen Sprache mächtig sind. Deshalb gibt es eine falsche Verfahrenspraxis im Umgang damit. Ein Blick ins Grundgesetz: „Die Würde des Menschen ist unantastbar." Da steht nicht: „Die Würde des deutschen Menschen ist unantastbar." Ich begrüße es sehr, dass wir uns ein Stückchen daran halten. Im Grundgesetz stehen viele weise Sachen. Es ist nicht schädlich, da mal reinzuschauen.

Der zweite Punkt ist, dass viele Menschen, unabhängig von der Nationalität, ziemlich gezeichnet und beeinträchtigt sind. Viele sind überhaupt nicht mehr in der Lage, Hilfe anzunehmen und sie gegenüber Behörden durchzusetzen. Sie gehen da oft nicht hin. Sehr viele unserer Gäste haben seit zehn, fünfzehn Jahren keinen Personalausweis mehr. Gehst du dann zur sozialen Wohnhilfe, musst du ein kompliziertes Personenfeststellungsverfahren machen, Fotos mitbringen – das ist noch das Einfachste. Das ist alles nicht so leicht.

Und vielleicht der letzte Punkt: Wir müssen uns abgewöhnen zu sagen, jeder hätte doch einen Anspruch auf eine Wohnung. Ja, hat er. Nur gibt es viele Menschen, die überhaupt nicht in der Lage sind, eine Wohnung zu bewohnen. Viele deutsche obdachlose Menschen hatten eine Wohnung, und es gibt gute Gründe, warum sie diese verloren haben. Wenn ich einem Messie eine Wohnung gebe und nicht mehr tue, wird das eine sehr teure, ziemlich blödsinnige Angelegenheit. Wenn ich aber vernünftig mit ihm an seinem Messie-Syndrom arbeite und seine Grunderkrankung heile, wird er möglicherweise gar nicht obdachlos.

Muss ich jedem etwas geben?

Die Frage, ob ich jedem, an dem ich vorbeikomme, etwas geben muss, möchte ich nicht beantworten. Ich entscheide nicht darüber, was du im Leben machen musst. Du hast alle Freiheiten, zu machen, was du machen möchtest. Ich möchte, dass Menschen nicht nach fünf Gründen suchen, warum sie nicht helfen, sondern sensibel schauen, ob sie einen Grund finden, warum es doch klappen kann.

Eine Freundin von mir spricht Menschen ganz respektvoll an und fragt regelmäßig einmal im Monat: „Darf ich

Sie zum Essen einladen?" Sie geht dann mit einem Menschen in ein nettes Restaurant in der Nähe. Es muss nicht das Waldorf Astoria sein, aber es ist auch keine Frittenbude. Ihre persönliche Entscheidung ist, dass sie kein Bier kauft, sondern der Mensch darf eine Cola oder einen Kaffee trinken. Ich finde das großartig. Er darf bestellen, worauf er Appetit hat, und sie reden dabei miteinander.

Wie viel soll ich geben, wie vielen und wie oft am Tag?

Ich kann nur kleine Tipps geben. Ich stecke mir jeden Morgen einen Betrag X in meine Hosentasche und versuche, diesen im Laufe des Tages zu spenden und loszuwerden. Ich habe den Betrag erhöht, weil für obdachlose Menschen auch alles teurer wird. Ich bin Protestant und kann nur sagen, Papst Franziskus hat recht. Ab und zu haut er echt mal einen raus, was mir richtig gut gefällt. Franziskus hat gesagt, ein Almosen muss weh tun, und zwar dem Gebenden. Da dachte ich: Oh, Franziskus, woher weißt du, dass ich geizig bin?

Ein Freund von mir schrieb auf Facebook, er hätte letztes Jahr ein Experiment gemacht und jedem Menschen radikal einen kleinen Betrag gegeben, und zwar zwischen 20 Cent und einem Euro. Selbst wenn er am Tag von zehn Leuten angesprochen wurde, ist er dem konsequent nachgegangen. Er sagt, er habe im Monat selten mehr als 30 Euro ausgegeben. Der hat einen relativ guten Verdienst. Selbst das ging.

Unterstütze ich mit meinem Euro nicht nur die Alkohol- oder Drogensucht des Obdachlosen?

Ich kann dazu nur sagen: Gib dem Menschen ruhig einen Euro, selbst wenn er sich ein Bier davon kauft. Er hat das Recht darauf, wenn er alkoholerkrankt ist, auch alkoholerkrankt zu sein. Er ist nicht entmündigt. Er darf noch immer selbst über sein Leben entscheiden. Ich möchte anmerken, dass ich Alkoholismus furchtbar finde. Das macht die Seele des Betroffenen eng. Sucht ist ein Stück Satan. Das ist wirklich Finsternis. Wir geben uns Mühe, mit Menschen daran zu arbeiten, dass sie von ihrer Sucht lassen können. Nur nehmen wir sie auch erst mal so, wie sie sind. „Wenn ich einem Penner einen Euro als Hilfe gebe, versäuft er den doch" – das ist eines der beliebtesten Vorurteile vieler Menschen, die aber sowieso überwiegend nach Argumenten suchen, um ihr Herz zu verschließen.

Als ich einmal einem Obdachlosen 50 Cent gab, pöbelte er mich an. Er brauche mehr, sagte er. Ich habe mich darüber geärgert.

„Ich habe heute einem Menschen ein Brötchen geschenkt, und der hat sich gar nicht bedankt, Dieter", höre ich relativ oft auf Facebook und schreibe dann zurück: „Liebe Martina, das war bestimmt das 50. Brötchen, das er heute gekriegt hat." Ich ärgere mich manchmal über obdachlose Menschen. Ich ärgere mich auch über andere Menschen, über eine Kassiererin im Supermarkt oder über jemand anderen. Übers Wasser gehen nicht alle, einige können doof sein und sogar pöbeln. Anders als bei anderen Menschen, die ich jetzt beschrieben habe, ist das bei Obdachlosen aber meistens Ausdruck ihrer Erkrankung. Die Kompatiblen, die Charmanten, die Hübschen, die tollen Musiker in der U-Bahn – die können doch besser für sich sorgen.

Ab und an stinkt einer und ist aggressiv. Da muss ich doch nichts geben, oder?

Das ist jetzt paradox, aber wenn ich versuche, meinen Euro loszuwerden, versuche ich, ihn beim Uncharmanten loszuwerden, bei dem, der einuriniert ist. Ich versuche, das Geld bei dem loszuwerden, bei dem ich selbst zusammenzucke. Denn wenn ich zusammenzucke, wenn ich den nicht charmant finde, wenn sich mein Herz nicht sofort öffnet, öffnet sich das Herz der anderen auch nicht. Keinem der Menschen, die auf der Straße leben, geht es gut. Während der eine Bettler aber abends vielleicht zehn Euro in seinem Becher hat, hat der, der gar nichts mehr in die Waagschale werfen kann, vielleicht nur 20 Cent.

Manche erzählen eine Geschichte vom Pferd oder gehören zu einer Bettelbande. Soll ich ihnen dennoch glauben und sie unterstützen?

„Die brechen den Kindern die Knochen, die fahren Mercedes, und die sind doch alle organisiert. Denen gebe ich doch gar nichts." Ich kann sagen, ich arbeite seit 25 Jahren in dem Bereich und habe noch keinen Mercedesfahrer gesehen. Rumänen oder bulgarische Bürger, die auf der Erde sitzen – ich habe unter ihnen noch keine Gewinnertypen gesehen. Ich habe noch nie jemanden gesehen, den ich beneide. Wenn es hier Menschen gibt, die in Clans organisiert sind, weil sie ihre Familien in Rumänien mit Geld versorgen, machen sie das mit meiner ausdrücklichen Billigung. Aber ich weiß, dass diese Aussage im Regelfall eine Menge Gegenwind erzeugt. Jesus hat nichts darüber erzählt, nur den Deutschen oder den Israeliten zu helfen. Ich habe nirgendwo in der Bibel gelesen, „bitte den Rumänen und Bulgaren nicht helfen".

Einige tun beim Betteln so, als wären sie körperbehindert. Dann siehst du sie später zufällig wieder und sie können gut laufen. Wie gehe ich damit um?

Diese Geschichten höre ich oft. Ich lese auch oft von der Spinne in der Yuccapalme. Das sind für mich die Spinnen-in-der-Yuccapalme-Geschichten, weil sie total multipliziert und weitergegeben werden. „Den Kindern werden die Knochen gebrochen", „das sind Mercedesfahrer" – das hält sich sogar bei den Journalisten. Es gibt wenige Quellenangaben dazu. Stattdessen zitiert immer der eine den anderen. Wenn man ruhig und entspannt nachfragt: „Hast du das gesehen? Kennst du den Mercedesfahrer? Kennst du die Kinder mit den gebrochenen Knochen? Hast du die Menschen gesehen, die plötzlich ihren Krückstock wegschmeißen, als wäre es eine biblische Heilung?", dann wird es dünn. Vielleicht gibt es das. Aber wenn ich hundertmal etwas gebe und davon neunzigmal den richtigen Menschen mit einem Risiko, es zehnmal den falschen gegeben zu haben, dann mache ich das gerne weiter. Die Dösbaddel, die diese Geschichten erzählen, suchen nach Argumenten, warum sie hundertmal nichts geben. Wenn da einer eine Show abzieht, er wäre körperbehindert, und danach wegturnt – dann hat er mich angeflunkert. Das nehme ich nicht persönlich. Läuft da ein Gewinner? Oder läuft nicht trotzdem ein Verlierer weg, selbst wenn er die Gehhilfen wegschmeißt?

Bildnachweis

Seite 13, 48: © Bahnhofsmission Zoo

Seite 32: © Deborah Ruppert

Seite 76: © Dieter Puhl, April 2017

Seite 56: © Friedrich Bungert

Seite 69, 111: © Orlando El Mondry, 2016

Seite 40: © epd-bild

Seite 27: © epd-bild/Norbert Neetz

Seite 18, 62, 99: © epd-bild/Rolf Zöllner

Seite 87: © picture alliance/dpa/Wolfgang Kumm

Mit freundlicher Unterstützung von epd-bild und
dpa Picture-Alliance GmbH.